KB217436

JESUS & WOMEN

초판 1쇄 발행 2024년 1월 29일

지은이 나사로
펴낸이 이기봉
편집 좋은땅 편집팀
펴낸곳 도서출판 좋은땅
주소 서울특별시 마포구 양화로12길 26 지월드빌딩 (서교동 395-7)
전화 02)374-8616~7
팩스 02)374-8614
이메일 gworldbook@naver.com
홈페이지 www.g-world.co.kr

ISBN 979-11-388-2735-5 (04230)
ISBN 979-11-388-2733-1 (세트)

The Most Biblical Jesus Drama

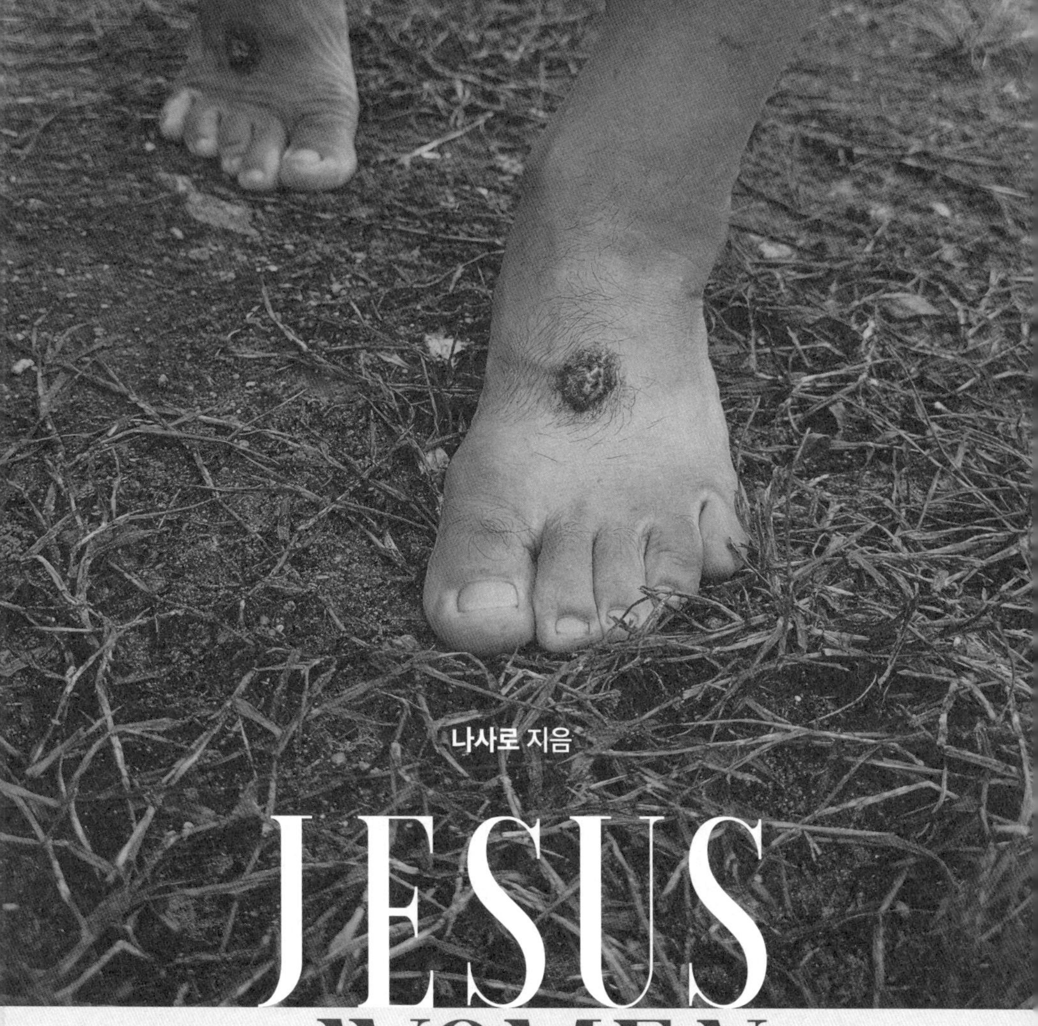

나사로 지음

JESUS & WOMEN

예수님 과 여인들

좋은땅

목차

제1막

수가성 여인

사마리아 수가라는 마을에 아비가일이라는 여인이 살고 있었다. 그녀는 어려서부터 예쁘고 똑똑하며 야무졌다. 그녀는 같은 동네에서 살면서 오랫동안 알고 지낸 정돌이와 일찍 결혼했다. 그러나 시간이 지나며 그녀는 정돌이에게 점점 남성적인 매력을 느낄 수 없게 되었다. 그러던 중 아비가일은 잘생기고 매력적이며 친절한 꽃돌이를 만나자 정돌이와 이혼하고 2번째 결혼을 했다.

한편 꽃돌이는 결혼 후에도 외모 관리에 온 신경을 쓰며 다른 여자들을 만났다. 그러므로 아비가일은 얼마 후 또 이혼했다. 그때 그녀는 결국 삶에 중요한 것은 돈이라는 생각에 부자인 돈돌이를 만나 3번째 결혼을 했다. 그러나 그녀는 돈돌이가 매사를 돈으로 계산하고 판단하며 해결하려는 태도가 역겨워 3번째도 이혼을 했다.

아비가일은 3번의 결혼생활이 모두 이혼으로 끝나자 한동안 마음 아파하며 혼자서 지냈다. 그러다가 그녀는 관료로서 우직하고 믿음직스러워 보이며 권세도 있는 권돌이를 만나자 4번째 결혼을 했다. 권돌이는 결혼 후에도 관료적인 습성을 못 버리고 밖에서 하듯 집에서도 늘 명령조이며 권위적이었다. 아비가일은 그런 권돌이의 태도를 견딜 수 없어 결국 4번째 결혼도 이혼하고 말았다.

그녀는 4번의 결혼생활에 모두 만족할 수 없는 자신을 보며 실망하고 좌절했고 또 수치스럽기도 해서 사람을 피하며 지냈다. 그러던 중 그녀는 공부를 많이 한 학돌이를 우연히 만나 이야기를 주고받다 보니 학돌이와의 결혼은 괜찮을 것 같아 또 결혼했다. 그러나 학돌이는 허구한 날 방에 앉아서 공부 타령만 하므로 그녀는 5번째 결혼도 이혼했다.

아비가일은 자신이 육신적으로 또는 이상적으로 기대하는 것만큼 번번이 실망하고 좌절하게 되는 현실에 몸부림치며 괴로워했다. 그런 아비가일은 절박한 마음에 회당을 찾아가 말씀도 듣고 성경공부도 했다. 그녀는 그곳에서 신실해 보이는 성돌이를 보고 호감을 느꼈고 성돌이도 그녀에게 관심을 보여 한동안 둘은 교제하다가 동거하기 시작했다.

아비가일은 성돌이와 살면서 심신의 평안을 찾고 싶어 열심히 회당을 다녔으나 시간이 지날수록 그녀의 눈에는 성돌이와 회당 사람들의 위선만 보일 뿐이었다. 결국, 아비가일은 바깥출입조차 꺼리게 되었다. 그러므로 그녀는 어쩔 수 없이 하루에 한 번 물을 길으러 마을 입구 바깥쪽에 있는 야곱 우물에 가야 할 때는 남들은 모두 더위를 피해 집에 있는 정오를 택했다.

예수님께서 제자들과 함께 예루살렘을 떠나 가버나움으로 가시는 도중에 일부러 사마리아 수가를 거쳐 가시기로 했다.

정오쯤 야곱 우물이 가까워지자 예수님께서 제자들에게,
"나는 저 우물가에서 기다리고 있을 테니 너희는 마을로 들어가서 먹을 것을 사 오너라."

베드로가 안드레를 가리키며,
"저희 다 갈 것 없이 저와 안드레만 다녀오겠습니다."

"아니다, 마을 구경도 할 겸 다들 어서 다녀오너라."

제자들이 이상한 듯 고개를 갸우뚱거리며,
"네. 알겠습니다. 저희가 얼른 다녀오겠습니다."

베드로가 다른 제자들을 보며,
"주님께서 여행에 지치시고 많이 시장하신 것 같으니 어서 서둘러 마을로 가서 먹을 것을 구해 오자."

그때 아비가일은 물 항아리를 어깨에 이고 마을에서 우물 쪽으로 오고 있었다. 아비가일은 사람들이 지나가면 그들 눈을 피하려고 물 항아리로 얼굴을 가리곤 했다.

아비가일이 천천히 우물 쪽으로 가며 푸념 섞인 목소리로 자신의 신세를 한탄하면서,

"아, 내 인생은 왜 이래야만 하나….
오랜 정에 끌려 정서방과도 살아 보고,
외모와 친절에 반해 꽃서방과도 살아 보고,
돈이 전부인 것 같아 돈서방과도 살아 보고,
큰 권세가 있다는 권서방과도 살아 보아도,
다 그 서방이 그 서방이고…."

아비가일이 긴 한숨을 내쉬며,

"학식이 많다는 학서방은 좀 나을까 싶었는데….
지금은 믿음 좋다는 성서방하고 살아봐야 이건 허구한 날 예배 장소 타령이나 들어야 하고.
이래도 저래도 마음을 잡을 수 없으니….
아, 이 내 한심하고 불쌍한 신세…."

제자들이 서둘러 마을로 가다 물 항아리를 이고 오는 아비가일과 마주쳤다. 그녀는 얼른 제자들 시선을 피해 항아리로 얼굴 가리며 우물 쪽으로 걸음을 재촉했다.

아비가일이 우물에 가까이 와서 우물가에 지치신 모습으로 앉아 계신 예수님을 보고 당황하며 혼잣말로,

"아니 이 한낮에 왜 유대인이 우물가에 앉아 있는 거야?
이거 어떻게 해야 하지? 되돌아갈 수도 없고…."

예수님께서 자상하게 아비가일을 보시며,
"내게 마실 물 좀 떠줄 수 있겠는가?"

아비가일은 자신을 전혀 모르는 유대인이 부탁하는 것으로 생각하고 안심하며 물 항아리를 내려놓고,
"당신은 유대인인데 왜 사마리아 여자인 저에게 물을 달라고 하십니까?"

예수님께서 그대로 앉으신 채 자상하신 표정으로,
"네가 만일 하나님 선물이 무엇인지 알고 지금 네게 물을 달라는 내가 누구인지 알았다면 오히려 네가 내게 생수를 달라고 했을 것이다."

아비가일이 우쭐한 표정으로 자신이 가지고 온 두레박을 들어 보이며,
"선생님은 두레박도 없고 또 이 우물은 깊은데 어디서 그런 생수를 구한단 말씀입니까?
우리 조상 야곱과 그의 아들들과 가축이 다 이 물을 마셨습니다."

아비가일이 비록 지금은 사마리아인이지만 조상은 야곱이라는 자부심으로 으쓱대며,
"선생님이 우리 조상 야곱보다 더 위대한 분입니까?"

예수님께서 아비가일의 상처와 사마리아인으로서의 수치심을 이해하시고 불쌍하고 가엾게 여기시며,

"이 우물의 물을 마시는 사람은 다시 목마르지만 내가 주는 물을 마시는 사람은 다시 목마르지 않으니 내가 주는 물은 사람 속에서 샘물처럼 영원히 솟아나기 때문이다."

아비가일이 예수님께 한 걸음 다가오며,

"선생님, 그런 물이 세상 어디에 있다는 말씀입니까?
만일 그런 물이 있다면 그 물을 저에게도 주세요!
그러면 제가 다시는 목마르지도 않고 물 길으러 여기까지 매일 올 필요도 없겠습니다."

예수님께서 일어나시며,

"그렇구나, 네가 한낮에 물을 길으러 오는 것이 매우 힘든 모양이구나.
그렇다면 먼저 집에 가서 네 남편을 내게로 불러오너라."

아비가일은 예수님 말씀에 크게 당황했다.

아비가일이 한숨 쉬면서 마을 쪽을 바라보고는 힘없이,

"저는 남편이 없습니다…."

예수님께서 아비가일의 마음을 이해하시고 불쌍히 여기시며,

"네게 남편이 없다고 한 말은 어찌 보면 옳다.
네게 남편이 다섯이 있었고 지금도 너는 한 남자와 살고 있지만, 누구와도 네 속마음을 깊게 나눌 수 없었으니 너는 지금 네 진심을 그대로 말한 것이다."

아비가일은 예수님 말씀에 놀라 고개를 숙이고 가만히 있었다. 아비가일의 눈에는 눈물이 고이기 시작했다.

예수님께서 아비가일을 불쌍히 여기시며,
"아비가일아, 너는 사람들이 평생에 한두 번 겪으며 실망하는 것들을 짧은 세월 동안 많이도 겪었구나.
사람들은 그 중요한 결혼마저 단순한 정에 이끌려 결정하는 경우가 많다.
외모로써 판단하고 돈만 있으면 뭐든 할 수 있는 것 같은 것이 세상이다.
힘이 있으면 돕기보단 군림하려 하고 지식이 많으면 교만해지기 쉽다.
종교라는 이름으로 형식과 규제를 만들어 자신도 갇히고 남의 자유도 빼앗고 있는 것이 이 세상이다.
이런 세상에서는 몇 번의 결혼을 한들 결국 좌절하고 실망하는 것이 당연하니 너무 자책하지 마라."

아비가일의 눈에서 눈물이 뚝뚝 떨어졌다.

아비가일이 천천히 고개를 들고 떨리는 목소리로,

"선생님께서는 제 이름도 제 과거도 제 마음도 다 아시는 분 같군요…."

예수님께서 아비가일을 불쌍히 여기시며,

"세상은 세상이 원하는 정, 외모, 돈, 권력, 학식, 종교, 그런 것들로 채우려고 한다.

그러나 그런 것들로는 결코 사람의 마음은 채울 수 없다.

이런 사실은 너도 이제는 잘 알고 있지 않으냐?"

아비가일이 그 자리에서 무릎 꿇으며,

"선생님, 선생님께서는 선지자이신 것 같습니다….

그런데 선생님! 제가 오랫동안 궁금했던 것이 있습니다."

예수님께서 아비가일을 일으키시며,

"무엇이 그렇게 궁금했느냐?"

아비가일이 목소리를 가다듬으며,

"선생님, 우리 조상들은 이 산에서 예배를 드렸는데 유대인들은 예루살렘에서 예배를 드려야 한다고 합니다.

어디서 예배를 드려야 하는지요?"

예수님께서 잠시 하늘을 보시고 아비가일을 보시며,

"아비가일아, 너는 내 말을 잘 새겨듣고 꼭 믿어야 한다.

사람들은 이제까지 예배를 받으실 분이 누구신지도 모르고 오랫동안 예배를 드려 왔다.
예배는, 자녀가 아버지께 드리는 것이다.
예배는, 아버지께서 자녀로부터 받으시는 것이다.
예배는, 아버지와 자녀가 만나는 것으로 시작되는 것이다.
그러므로 자녀가 아버지께 예배를 드릴 때는 이 산이다, 예루살렘이다, 하며 장소를 가리지 않아도 된다.
아버지와 자녀가 만나는데 장소가 무슨 문제가 되겠느냐.
사람들은 예배가 무엇인지조차도 모르고 예배를 드려 왔기 때문에 그렇게 장소에 연연하게 된 것이다.
예배가 무엇인지 알기 위해서는 무엇보다 먼저 구원은 유대인에게서 온다는 것을 믿어야 한다."

아비가일이 실망스러운 표정으로,
"구원은 유대인에게서 온다는 말씀은 유대인만 구원받는다는 뜻입니까?"

예수님께서 질문에 질문하는 아비가일을 기뻐하시며,
"아니다, 아비가일아, 내가 하는 말을 잘 새겨들어라.
하나님께서는 만인의 하나님이시다.
예루살렘과 유대와 사마리아와 땅끝 모든 사람의 하나님이시라는 뜻이다.
그 하나님께서 아버지로서 그분의 자녀들을 이 세상으로부터 구원하시려고 유대인을 통해 이 땅에 그리스도를 보내신다는 뜻이다.

그러므로 그리스도를 다윗의 자손이라고 부르는 것이다."

아비가일이 간절한 표정으로,
"선생님, 그럼 저희는 언제 어디서 어떻게 예배드려야 합니까?"

예수님께서 예배를 간절히 알고 싶어서 하는 아비가일을 대견스럽게 여기시며,
"참으로 예배드리는 사람은 아버지께 영과 진리로 자유롭게 예배드릴 때가 온다.
아버지의 영과 진리가 있는 곳에는 자유가 있으니 아버지의 말씀이 곧 진리이고 그 진리가 너희를 자유롭게 하기 때문이다.
아버지와 자녀가 만나는데 시간과 장소와 형식이 뭐가 그렇게 중요하겠느냐."

예수님께서 잠시 말씀을 멈추시고 하늘을 바라보시더니,
"아버지께서 영과 진리로 예배드리는 자녀들을 진정으로 찾고 계신다.
아버지께서는 영이시므로 영과 진리로 아버지께 예배드리는 자녀가 참으로 예배드리는 사람이다."

아비가일이 환해진 얼굴로,
"아버지께 영과 진리로 자유롭게 예배드리면 된다고 하셨는데 그렇다면 예배드릴 때 이 산이다, 예루살렘이다, 이 시간이다, 저 시간이다, 하며 굳

이 장소와 시간을 가릴 필요가 없겠네요!"

예수님께서 웃으시며,
"그렇다, 예배란 아버지와 자녀의 만남이다.
너희가 어디에서 예배드려도 아버지께서 너희보다 먼저 그곳에서 너희를 기다리고 계신다.
아버지께서는 영이시므로 언제 어디든지 계시는 분이시기 때문이다.
너희가 아버지의 영 곧 성령을 받아 아버지의 말씀 곧 진리로 아버지를 만나는 것이 예배이다."

아비가일이 궁금한 표정으로,
"왜 아버지께서 자녀들보다 먼저 와서 기다리시나요?
저희가 예배드리고자 할 때 저희를 만나시면 되는데요."

예수님께서 아비가일의 질문을 기뻐하시며,
"너희가 아버지께 예배드리고자 하는 마음을 가지는 순간 이미 아버지께서는 너희의 마음을 다 아시고 너희를 기다리시는 사랑이 많으신 분이시다.
아버지의 사랑은 너희가 모두 아버지께 돌아올 그 날까지 끝없이 기다리시고 한없이 참으시는 무한하고 영원한 사랑이기에 그분의 이름이 사랑이다."

아비가일이 잠시 생각에 잠겼다가,
"하나님께서 아버지로서 저희를 만나시기 위해 찾으시고 또 기다리신다니

참으로 놀랍고 감사할 뿐입니다….”

아비가일이 예수님을 바라보며 혹 그리스도이실까 기대하는 마음으로,
“저는 그리스도께서 저희에게 오시면 많은 것을 말씀해 주실 것을 믿으며
간절히 기다리고 있습니다.
혹시 선생님께서 그리스도가 아니신지요….”

예수님께서 아비가일의 어깨에 가만히 손을 얹으시며,
“그렇다, 아비가일아, 너와 지금 말하고 있는 내가 바로 그리스도이다.”

아비가일은 그 자리에서 엎드려 예수님께 절하고 물동이를 우물가에 그대로 둔 채 마을로 달려가며 기쁘게 외쳤다. 마을에 가서 먹을 것을 사 오는 제자들과 마주쳐도 아비가일은 주저함이 없이 계속 외쳤다.

아비가일이 힘을 다해 큰 소리로,
“다들 와서 좀 보세요!
나의 과거를 다 알고 계신 분이 계십니다!
진정한 예배를 가르쳐 주시는 분이 계십니다!
이분이 우리가 그토록 기다리던 그리스도이십니다!
지금 저기 우물가에 계시니 어서들 그분께 가 보세요!”

조금 전까지만 해도 제자들의 눈을 피하던 아비가일이 큰 소리로 외치

며 마을 쪽으로 달려가자 제자들은 의아하게 생각해서 고개를 갸우뚱거리며 예수님께 왔다.

베드로가 빵을 예수님께 드리며,
"선생님, 저희가 먹을 것을 사 왔습니다.
어서 좀 드시지요."

예수님께서 빵을 받으시고 제자들에게 먼저 떼어 주시며,
"그래, 수고들 했다.
자, 너희들부터 어서 앉아 먹어라."

베드로가 이상하다는 듯 고개를 갸우뚱거리며,
"아니 주님, 주님부터 먼저 드셔야지요."

예수님께서 흡족하신 표정으로,
"아니다, 시장한 너희부터 먼저 먹어라.
나는 너희가 모르는 빵을 이미 많이 먹었다."

제자들이 서로의 얼굴을 보며 이해할 수 없다는 듯 고개를 갸우뚱거렸다.

안드레가 의문스러운 표정으로,

"주님, 저희가 마을을 다녀오는 사이에 누가 주님께 잡수실 것을 갖다 드렸나요?"

예수님께서 환히 웃으시며,
"나를 보내신 아버지의 뜻을 행하며 아버지의 일을 이 땅에서 완성하는 것이 너희가 모르는 나의 양식이다.
오늘도 내가 꼭 해야 할 일을 해서 마음이 너무 좋다 보니 배고픈 생각이 없어졌구나."

한편 아비가일은 마을에 도착해서도 사람들에게 예수님께서 그리스도이심을 기쁘게 외치며,
"다들 제 말 좀 들어보세요!
제 과거를 모두 아시는 분이 계십니다!
진정한 예배에 대해서도 말씀해 주셨어요!
우리가 기다리던 그리스도이심에 틀림이 없어요!
지금 저기 우물가에 계시니 어서들 그분께 가 보세요!"

아비가일의 외침을 듣는 사람들이 서로의 얼굴을 보며,
"저 아비가일은 우리를 피해 다니던 아비가일이 아냐?"

"그런데 저렇게 기쁘게 뛰어다니며 그리스도를 만났다고 크게 외치니…."

"자, 자, 우리도 얼른 가서 그리스도라는 그분을 한번 만나 봅시다."

사람들이 아비가일의 말을 듣고 예수님을 뵙기 위해 마을로부터 와서 예수님께 인사드리며,

"선생님, 저희는 아비가일의 말을 듣고 왔습니다."

예수님께서 반갑게 맞이하시며,

"그래, 다들 참 잘 왔다."

예수님께서 반갑게 맞이해 주시니 사람들이 용기를 내어,

"선생님, 괜찮으시다면 저희와 함께 가셔서 좀 쉬시면서 아비가일에게 해 주신 말씀을 저희에게도 해 주셨으면 합니다."

예수님께서 웃으시며 제자들을 보시고 그들을 보시며,

"그래, 그럼 너희들과 잠시 머무르며 쉬도록 하자."

베드로가 사 온 빵들을 가방에 집어넣으며 다른 제자들에게,

**"우리가 빵을 사러 간 사이에 무슨 일이 있긴 있었던 모양이네.
하하, 마침 여행에 피곤했는데 오늘은 손님 대접받으며 잘 먹게 되겠군…."**

마을에선 잔치가 벌어지고 제자들과 많은 사람이 앉아서 예수님의 말씀을 들었다.

음식을 나르는 아비가일에게 사람들이 웃으며,
"아비가일, 당신의 말뿐만 아니라 우리가 직접 예수님의 말씀을 듣고 보니 이제는 우리도 예수님께서 바로 이 세상의 구세주이신 것을 믿게 되었습니다, 하하하….”

예수님과 제자들과 마을 사람들의 웃음소리가 늦은 밤까지 계속되었다.

예수님께서 모두가 함께 기뻐하는 모습에 흡족해하시며,
"하나님을 아버지로 믿고 또 아버지께서 나를 보내신 것을 믿는 너희 모두는 한 가족이다.
내가 곧 아버지께로 가는 길이요, 아버지를 아는 진리요, 아버지께서 주시는 영생이다.
너희 모두는 이제 한 아버지의 자녀들이 되었으니 서로 사랑하며 서로 도우며 행복하게 살아야 한다.
나를 믿는 자는 물과 성령으로 거듭나서 영과 진리로 예배드리는 하나님의 자녀이다!"

최초의 사람 아담 이후 온 인류의 역사를 통해 그 누구도 진정한 구원이 무엇이며 참된 예배가 무엇인가에 대해 명확한 정의를 내릴 수가 없었다. 하나님에 의한 구원과 하나님께 드리는 예배를 하나님 이외에는 그 누구도 정확히 알 수가 없었기 때문이다. 그러나 예수님께서 당시 이스라엘의 선생이라는 니고데모와 독대를 하시며 구원이란 물과 성령으로 다시 태어나는 것이라고 명확하게 말씀하셨다. 그리고 유대인들에게 멸시를 받던 사마리아 사람 중에서도 여러 번 결혼하고 세상의 온갖 풍파를 다 겪으며 살고 있던 여인과 독대하시며 예배란 아버지께 영과 진리로 드리는 것이라고 명확하게 말씀하셨다.

동서고금 온 인류 역사를 통틀어 오직 예수님만이 구원과 예배에 대해 간결하고 명확하게 정의를 내리실 수 있었던 것은, 예수님 자신이 구원하시는 바로 그분이시며 예배를 받으시는 바로 그분이시기 때문이다.

제2막

나인성 과부

AD 28년 10월 초막절 어느 날 해 질 무렵 갈릴리지방. 세례 요한은 헤롯의 감옥에 오랫동안 갇혀 있었다. 그리고 세례 요한은 하나님으로부터 받은 사명이 끝나가고 있음을 잘 알고 있었다.

요한은 하나님께 간절히 기도하며,

"사랑의 주님, 제가 이 땅을 떠나기 전에 마지막으로 남은 사명을 끝까지 다할 수 있도록 허락하여 주옵소서.

아직도 예수님께서 세상 죄를 지고 가는 하나님의 어린 양, 그리스도이심을 모르고 지금도 저만 바라보는 저의 제자들을 예수님께 맡겨 드리고 저는 주님 곁으로 갈 수 있도록 허락하여 주옵소서…."

요한이 기도를 마치자 마침 두 제자가 요한을 감옥으로 찾아와서,

"선생님, 안녕하세요? 그동안 별일 없으신지요?"

요한이 제자들을 반갑게 맞이하며,

"그러잖아도 너희를 기다리고 있었는데 마침 잘들 왔다.

너희와 또 밖에서 나를 기다리는 사람들을 위해 너희가 꼭 해 줘야 할 일이

있다.

너희는 지금 서둘러서 예수님께서 계신 곳으로 가서 그분께서 오실 그리스도이신지를 너희 눈으로 직접 확인해야 한다."

요한이 창살을 통해 하늘을 바라보고 제자들을 보며,

"만일 예수님께서 오실 그리스도이시면 너희는 이제부터 그분만을 따르며 나를 기다리는 사람들에게도 그분에 대해 잘 전해 줘야 한다.

혹 예수님께서 그리스도가 아니시면 우리가 다른 분을 기다려야 하지 않겠느냐?

자, 어서들 서둘러 예수님께 가거라."

요한의 제자들이 눈물을 글썽이며,

"선생님, 마치 저희를 떠나시는 분처럼 왜 자꾸 같은 말씀만 하십니까?"

"저희는 헤롯이 선생님을 풀어 줄 날만을 기다리고 있습니다."

요한이 손을 저으며,

"아니다, 아니야, 잘들 들어라.

나는 하나님께서 내게 주신 사명을 잘 알고 있다.

그리스도께서 신랑이시고 나는 그분의 친구 중 하나에 불과하다.

자, 자, 시간이 없으니 어서들 가거라."

제자들이 마지못해 인사를 하고 요한 곁을 떠나며 매우 아쉽고 슬퍼했다.

한 제자가 요한이 있는 곳을 뒤돌아보며,
"선생님이 최근 들어 자주 같은 말만 계속하시니 마치 우리 곁을 영영 떠나실 것을 미리 준비하시는 것만 같아.
감옥에 갇히신 지 오래되다 보니 선생님도 지치고 힘드셔서 그런가?"

다른 제자가 하늘을 바라보며,
"아닐세, 선생님이 누구신가.
태어나시기 전부터 성령 충만하던 분이 아닌가.
하나님과 선생님 사이에 우리가 모르는 무엇인가가 있을 걸세."

두 제자는 수소문하여 예수님께서 나인성으로 가고 계시다는 것을 알고 서둘러서 그곳으로 향했다. 한편 예수님과 제자들이 가버나움 남서쪽 나인성 입구에 가까이 갔을 때 장례 행렬과 마주쳤다. 죽은 자는 예수님께서 말씀을 전하실 때 여러 번 찾아왔던 과부 도르가의 외아들이었다. 예수님께서 슬피 울면서 관을 따라가는 도르가를 보시고 불쌍히 여기셔서 관에 손을 대시니 관을 메고 가던 사람들이 걸음을 멈췄다.

예수님께서 도르가의 손을 잡아 주시며,
"너는 가버나움에도 여러 번 왔던 도르가가 아니냐.

그런데 하나밖에 없는 네 아들이 죽어서 네게 참으로 슬프고 어려운 일이 생겼구나."

도르가가 그 자리에 풀썩 주저앉으며,
"주님, 주님께서 가버나움 집에서 중풍병자를 일으키실 때도 산에서 많은 병자를 고쳐 주실 때도 저와 함께 늘 같이 다니던 제 외아들이 갑자기 병으로 죽고 말았습니다.
기댈 곳도 없는 저희는 주님 말씀에 큰 위로를 받았기에 주님만 의지하며 오래오래 같이 살기로 했습니다만…."

예수님께서 도르가의 두 손을 잡아 일으켜 주시며,
"자, 이젠 그만 울고 나만 믿어라.
아버지께서도 너희를 사랑하시고 안타까워하시기에 나를 너희에게 보내신 것이다."

예수님께서 이 말씀을 하시고 관 앞으로 가셔서 도르가의 죽은 외아들에게,
"청년아, 내가 네게 말하노니 일어나라!"

예수님 말씀에 죽었던 청년이 천천히 일어나 앉아 정신없는 표정으로 얼굴을 만지고 몸을 만지며,
"여기가 어디지? 내가 지금 산 거야 죽은 거야?"

청년이 관에서 일어나 앉아 횡설수설하니 관을 멘 사람들은 얼른 관을 내려놓고 뒷걸음쳤다. 도르가와 그곳의 모든 사람도 깜짝 놀라며 뒤로 물러섰다.

예수님께서 청년의 두 손을 잡아 일으켜 주시며,

"자, 이젠 정신 차리고 네 어머니에게 가거라.

네 어머니가 많이 슬퍼하였으니 잘 위로해 드려라.

너는 앞으로도 어머니를 잘 모시고 오래오래 건강하게 잘 살아야 한다."

예수님께서 청년의 손을 잡고 이끌어 도르가에게 건네주셨다. 도르가와 청년은 서로 부둥켜안고 울다가 그들을 사랑스럽게 보고 계시는 예수님과 눈이 마주치자 그 자리에 엎드려 예수님께 경배드렸다.

도르가가 예수님 발에 입을 맞추며,

"주님, 주님께서는 진정으로 생명의 주님이십니다.

저희 모자를 죽음에서 건져주신 생명의 은인이십니다."

청년이 예수님을 바라보면서 어머니를 옆으로 꼭 안으며,

"주님, 감사합니다, 주님, 감사합니다.

주님이 저를 살려 주신 것은 제 어머니도 살려 주신 것입니다.

주님의 크신 은혜를 평생 잘 새기며 어머니를 잘 모시고 살겠습니다.

감사합니다, 주님, 감사합니다, 주님…."

예수님께서 도르가와 그 외아들을 일으켜 주시며,
"그래, 그래, 너희가 그렇게 말해 주니 고맙구나.
아버지께서 너희에게 베풀어 주신 크신 은혜를 늘 간직하고 또 잘 전하며 건강하고 행복하게 오래오래 잘 살아야 한다."

이 광경을 지켜보던 사람들은 모두 깜짝 놀라 하나님께 영광을 돌리며 큰 소리로,
"큰 선지자께서 우리 가운데 나타나셨다!
하나님께서 하나님의 백성을 돌봐주셨다!"

마침 나인성에 막 도착한 세례 요한의 두 제자도 이 모든 광경을 가까이서 잘 지켜보았다.

그들이 예수님께 가까이 와서 인사드리며,
"예수님, 안녕하세요?
저희는 세례 요한 선생이 보내서 왔습니다."

예수님께서 그들을 반갑게 맞으시며,
"그래, 여기까지 오느라고 수고들 많았다.
그런데 감옥에 갇혀 있는 요한이 왜 너희들을 내게 보냈느냐?"

한 제자가 주위를 둘러보고 예수님을 보며,

"요한 선생이 저희에게 예수님께서 그리스도이신지를 직접 확인하라고 하였습니다."

예수님께서 고개를 끄떡이시며,
"그렇구나, 그렇다면 너희는 무엇을 보고 들었느냐?
내가 가는 곳마다 소경이 보고 절름발이가 걸으며 문둥병자가 깨끗해지고 있다.
중풍병자가 나아지며 방금 너희가 보았듯이 죽은 사람이 살아나고 있다.
가난한 사람들에겐 천국의 복음이 전해지고 있다."

다른 제자가 도르가와 외아들을 보고 예수님께,
"네, 주님, 그리스도의 많은 표적을 저희의 눈과 귀로 분명히 보고 들었습니다.
요한 선생에게 가서 저희가 직접 보고 들은 것을 그대로 전하겠습니다."

예수님께서 그들의 어깨를 두드려 주시며,
"그래, 어서들 요한에게 가서 너희가 직접 보고 들은 것들을 잘 전해라.
그리고…."

예수님 눈가에 눈물이 맺혔다.

예수님께서 목소리를 가다듬으시고,

"음, 그리고….
요한에게 이 말도 꼭 전해 주면 좋겠구나.
주님 길을 예비하라는 사명을 잘 감당했으니 하늘의 영광스러운 면류관을 꼭 받을 거라고…."

예수님께서 하늘을 보시며 눈물을 흘리셨다. 예수님의 말씀에 요한의 제자들도 예수님의 제자들도 요한의 순교를 직감하며 모두 숙연해졌다.

⊶ 제3막 ⊷

죄 많은 여인

가버나움 남쪽의 막달라에는 일곱 귀신 들려 고생하는 마리아가 있었다. 그녀가 예수님을 뵙고 싶어 가버나움에 왔는데 마침 그 입구에서 바리새인들을 멀리서 보게 됐다. 그러자 마리아는 고개를 숙이며 피했다.

바리새인들은 마리아를 향해 큰 소리로,
"저 여인은 죄인이요!
저 여인은 귀신 들려 몸을 파는 여인이요!"

마리아가 황급히 되돌아가며 혼잣말로,
"아니 하필 입구에서 바리새인들과 마주치다니.
아무리 예수라는 분을 만나고 싶었어도 이곳에 오는 게 아니었는데…."

바리새인들이 마리아를 가리키며 더 큰 소리로,
"저 여인은 많은 가정을 무너뜨린 죄인이요!"

마리아가 서둘러서 다른 길로 가니 시몬이 투덜거리며,

"그것참 알다가도 모를 일일세.
왜 예수라는 저분 주변에는 늘 창기 같은 죄 많은 사람이 모이고 세리들도 몰려오고 또 자기 죄 때문이든 조상 죄 때문이든 병에 걸린 사람들도 이렇듯 많이 몰려오니…."

바리새인 라반이 불만스럽게,
"시몬, 아무래도 예수라는 선생을 당신 집에 초대하지 않는 것이 좋겠소."

시몬이 바리새인들을 둘러보며,
"예수라는 선생이 이곳저곳에서 여러 기적도 행하고 말씀도 잘하며 수많은 사람이 여러 곳에서 몰려오질 않소.
가까이서 보며 하나님께서 보내신 분인지 율법을 어기는 자인지 우리가 살펴볼 필요가 있지 않겠소?
일단 예수라는 선생을 초대해 봅시다.
자, 어서들 예수라는 선생이 있는 곳으로 가 봅시다."

시몬이 다른 바리새인들과 함께 예수님을 찾아뵈며,
"선생님, 안녕하세요?
저는 가버나움의 바리새인 시몬입니다."

예수님께서 시몬을 반갑게 맞으시며,
"너는 내가 중풍병자의 죄를 용서하고 병을 고쳐 줄 때 앞에서 네 친구 라반과 함께 투덜거리던 시몬이 아니냐?"

시몬이 깜짝 놀라며,
"저를 기억하고 계신 줄 몰랐습니다."

예수님께서 웃으시며,
"허허, 네 옆엔 회당장 야이로도 있질 않았느냐?
그런데 바리새인인 네가 무슨 일로 나를 다 찾아왔느냐?"

"저희 집에서 식사라도 대접하고 싶습니다만…."

예수님께서 주위에 있는 제자들과 예수님을 가까이서 섬기는 사람들을 좌우로 천천히 둘러보시며,
"초대는 고맙다만 네가 보다시피 나는 늘 저들과 함께 다니질 않느냐?
내 제자 중에는 너희 바리새인들이 싫어하는 세리 출신도 있고 또 너희가 초대하지 않는 이방인들과 여인들도 있으니 나 혼자 가기는 어려울 것 같다."

시몬이 난처해하면서도,
"아닙니다, 선생님, 저들과 함께 오셔도 괜찮습니다."

예수님께서 웃으시면서 제자들을 가리키시며,
"저 아비가일은 여러 번 결혼했던 사마리아인이고 저 마태는 너희가 죄인

이라 정죄하던 세리였고 저 요셉은 지금도 노예 신분인데 그래도 정말 괜찮겠느냐?"

시몬이 같이 온 바리새인들을 보면서 겸연쩍게 웃으며,
"뭐 저의 집인데 어떻겠습니까?
선생님과 함께 오는 것이라면 괜찮습니다."

예수님과 예수님을 따르는 사람들이 시몬의 집으로 초대받아 갔다. 시몬이 문밖으로 나와 예수님을 반갑게 맞이했다. 그때 멀리서 이 모습을 막달라 마리아가 지켜보고 있었다.

마리아가 혼자서 투덜거리며,
"역시 내가 잘못 생각한 거야.
저 예수라는 분은 시몬 같은 바리새인과 친하게 지내시니 죄 많은 나를 받아 주실 리가 없지…."

시몬의 집에 도착하신 예수님께서 집에 들어가시지 않고 문 입구에 서신 채 예수님을 따르는 사람들을 먼저 집 안으로 들어가게 하셨다. 그리고 멀리서 이 모습을 지켜보는 마리아를 몇 번이고 보셨다.

예수님께서 문 입구에서 사람들에게 들어가라고 손짓하시며 혼잣말로,
"음, 저 마리아가 바리새인 시몬의 집에 이들도 들어가는 것을 보며 내게

올 용기를 내야 할 텐데….”

멀리서 이 모습을 지켜보던 마리아가 놀라며 혼잣말로,
“예수님께서 여러 번 결혼했던 저 사마리아인 아비가일 그리고 세리 심지어는 노예까지도 바리새인 집에 먼저 들어가게 하시네.
저런 분이시라면 나 같은 죄인도 받아 주시려나….”

예수님께서 따르던 사람들을 모두 예수님보다 먼저 집 안으로 들어가게 하셨다. 그리고 마리아 쪽을 한 번 더 보시고는 예수님께서도 들어가셨다. 예수님께서 시몬 집 안쪽의 중앙에 마련된 자리에 앉으셨다. 예수님 왼쪽에는 시몬과 바리새인들이 앉았고 오른쪽에는 같이 온 제자들과 사람들이 앉았다. 예수님께서 왼쪽으로 비스듬히 앉으셔서 왼발은 반쯤 접으시고 오른발은 조금 펴시고 시몬과 이야기를 하고 계셨다.

시몬이 모두를 둘러보면서 예수님께 오른손을 내밀며,
“선생님, 저희 집까지 오셨으니 귀한 말씀 한마디 해 주셨으면 합니다.”

모두가 조용히 예수님을 응시하자 예수님께서 웃으시며,
“내가 너희들에게 하는 말이야 늘 같은 말이 아니더냐?
마음이 가난한 자는 천국의 복을 누린다.
자기 죄를 슬퍼하는 자는 하늘의 위로를 받는다.

아버지 하나님께서 받으시는 제사는 상한 심령이다.
이곳의 너희 모두는 잘 새겨들어야 한다.
이제는 때가 차서 천국이 가까웠으니 회개하고 큰 기쁨의 복음을 꼭 믿어야 한다.
오늘이 바로 은혜받을 날이요 구원받을 날이다!"

예수님께서 말씀하고 계실 때 마리아가 집 안으로 들어서니 집 안은 갑자기 조용해지며 모두 마리아를 응시했다. 예수님께서 마치 마리아를 기다리셨다는 듯이 하시던 말씀을 멈추시고 마리아를 사랑스럽게 보셨다. 마리아가 천천히 걸어와 예수님 오른쪽으로 오니 예수님 오른쪽에 앉아 있던 베드로가 옆으로 조금 비켰다. 예수님께서 발은 그대로 두시고 몸만 왼쪽에서 오른쪽으로 바로 하시며 마리아를 자상하게 보셨다.

시몬이 놀라고 있는 바리새인들을 보며,
"아니 저 여자, 정신이 나간 것 아니야!
감히 내 집 안에까지 들어오다니!"

한 바리새인이 자리에서 일어나 옷을 털며 나가면서,
"이거 참, 참는 것도 한계가 있지.
이방인도 세리도 노예도 오더니 창기까지 오다니.
나같이 고상한 바리새인이 이런 무리와 함께 식사할 수는 없지!"

마리아는 예수님 오른쪽 뒤에 서서 울며 눈물로 예수님 발을 적셨다.

베드로가 옆에서 이 모습을 지켜보며,
"여인이 눈물을 저렇게 예수님 발등에 떨어뜨리는데도 예수님께서는 발을 꼼짝도 하지 않으시고 받아 주시니…."

예수님께서 발등에 떨어지는 눈물을 전혀 미동도 없이 받아 주시며 마리아를 자상하게 보셨다. 예수님의 그 모습에 용기를 얻은 마리아는 무릎 꿇고 긴 머리를 풀어 옆으로 해서 눈물로 적셔진 예수님 발을 닦았다. 그 모습에 모두 깜짝 놀랐다.

라반이 어처구니없는 표정으로 다른 바리새인들에게,
"아니, 저 죄 많은 여자가 머리를 푸는 것은 남자를 유혹할 때나 하는 짓이 아닌가!"

바리새인들의 수군거리는 소리에도 예수님께서는 아랑곳하시지 않으시고 마리아를 그대로 받아 주시며 가만히 계셨다. 그러자 마리아는 예수님 발등에 입 맞추기 시작했다.

몇몇 바리새인들이 자리에서 벌떡 일어나며,
"아니, 아니, 저 더러운 입술로!
도대체 저 선생, 창기의 입술까지도 다 받아 주다니 세리의 친구이고 창기

의 친구라는 소문이 맞는다, 맞아!"

집 안이 온통 술렁이고 일부 바리새인들은 일어나서 나갔다. 그러나 예수님께서는 전혀 개의치 않으셨다. 오히려 예수님 발에 떨어지는 마리아의 눈물도 머리로 발을 닦는 것도 발에 입 맞추는 것도 가만히 계시며 모두 받아 주셨다. 그런 예수님의 모습에 마리아는 크게 위로를 받았다. 그러므로 마리아는 가지고 온 향유를 꺼내 예수님 발에 붓기 시작했다. 집 안은 온통 향유 냄새로 가득했다. 마리아 행동에 깜짝 놀란 바리새인들이 한쪽으로 가서 웅성거렸다.

시몬이 다른 바리새인들에게,
"아니 세상에 이럴 수가 있소?
저분이 혹 선지자라면 저 죄 많은 여인이 뭘 하는 누군지 정도는 알아야 하는 게 아니겠소?"

라반이 가슴을 치며,
"사내들을 유혹할 때나 쓰는 저 더러운 긴 머리와 저 추악한 입술을 기다렸다는 듯이 그대로 다 받아 주다니.
이는 수치이며 죄악이라고!"

다른 바리새인이 코를 막으며,
"저 향유는 또 어떻고, 많은 사내의 주머니를 털어 얻은 더러운 돈으로 꼬

박꼬박 모은 것이 아닌가!

추잡한 짓을 할 때도 손에 쥐고 있어야 하는 저 향유!"

바리새인들의 불만을 들으신 예수님께서 투덜거리는 시몬을 바라보시며,

"시몬아, 네게 한 가지 질문이 있다."

"네, 말씀하시지요."

예수님께서 자상하신 목소리로,

"어떤 부자에게 빚진 자가 둘이 있었는데 한 사람은 은화 500개를 빚졌고 다른 사람은 은화 50개를 빚졌다.

이 두 사람은 모두 빚을 갚을 능력이 전혀 없었으므로 부자는 이 두 사람의 빚을 모두 없었던 것으로 탕감해 줬다. 그렇다면 이 두 사람 중 누가 더 부자를 사랑하겠느냐?"

"그거야 물론 더 많은 빚을 갚아야 했던 사람이지요."

예수님께서 마리아를 보시고 시몬을 보시며,

"너는 이 여인이 내게 어떻게 했는지 보았느냐.

내가 네 집에 들어왔을 때 너는 나에게 발을 씻을 물도 주지 않았지만, 이 여인은 눈물로 내 발을 적시고 머리카락으로 내 발을 닦았다.

너는 내 얼굴에도 입 맞추지 않았지만, 이 여인은 내 발에 계속 입 맞췄다. 너는 내 머리에도 기름을 바르지 않았지만, 이 여인은 내 발에 귀한 향유를 부었다."

집 안의 사방을 천천히 둘러보시며,
"나를 이토록 많이 사랑하는 이 여인의 많은 죄는 용서받았다."

예수님께서 마리아를 자상하게 보시며,
"마리아야, 네 죄는 이제 용서받았다."

그러자 바리새인들은 깜짝 놀라며 떠들기 시작했다.

시몬이 두 손을 하늘로 향하며,
"저분이 누구이시기에 죄까지 용서해 준다고 하는가?"

라반이 자기 옷을 찢으며,
"하나님만이 하실 수 있는 용서를 감히!
이건 하나님 모독이다, 신성모독이라고!"

그러나 예수님께서는 바리새인들의 말들에 아랑곳하지 않고 일어나셔서 마리아의 손을 잡아 일으켜 주시며,
"네 믿음이 너를 구원했으니 마음 평안히 가거라."

마리아가 그 자리에서 엎드리며 예수님께 경배드리고 눈물을 닦으며 환한 모습으로 나가자 예수님과 제자들과 일행들도 일어나 나갔다. 시몬은 예수님께서 나가시자 당황하며 자리에서 일어났는데 그 순간 온몸이 하얗게 문둥병이 걸려 있음을 발견하고 깜짝 놀랐다.

시몬의 옆에 있던 라반이 깜짝 놀라 뒤로 물러서며,
“시몬, 시몬, 도대체 이게 어찌 된 일이요?
갑자기 온몸이 하얗게 문둥병에 걸려 있으니!”

집 안에 있던 사람들은 웅성거리며 겁에 질려 모두 급히 시몬의 집을 빠져나갔다.

시몬이 그 자리에 풀썩 주저앉으며,
“오, 주님. 제가 무슨 죄를 지었기에 제가 이런 저주를 받아야 합니까….”

사람들은 떠났고 시몬은 혼자 엎드려 통곡하며 울었다.

베드로가 예수님께 놀란 표정으로,
“주님, 시몬이 갑자기 문둥병에 걸렸습니다.
시몬이 문둥병에 걸릴 만한 큰 죄라도 진 것입니까?”

예수님께서 제자들을 둘러보시며,

"베드로야, 너도 모세와 아론과 미리암의 이야기를 알지 않느냐?
하나님의 종 모세를 아론과 미리암이 비방했을 때 미리암은 문둥병에 걸려 7일간 진영 밖에 있어야 했다.
그러나 아론과 미리암이 회개하고 모세에게 잘못을 고백하니 하나님께서 모세의 기도를 통해 미리암의 문둥병을 고쳐 주셨다.
시몬도 회개하고 마리아에게 잘못을 고백하면 하나님께서 마리아의 기도를 통해 시몬을 고쳐 주실 것이다."

새로운 사람이 된 막달라 마리아는 헤롯의 청지기인 구사의 아내 요안나와 수산나와 또 다른 여인들과 함께 한동안 예수님을 따르며 예수님과 제자들을 섬겼다. 얼마 후 예수님께서 마리아에게 고향인 베다니로 갈 것을 권하셨으므로 마리아는 베다니로 갔다. 예수님께서 예루살렘을 가실 때는 마리아가 사는 베다니에도 가시곤 하셨다.

한편 집에 머무를 수 없는 문둥병자가 된 시몬은 가버나움 외곽의 한쪽 구석에 앉아 신세를 한탄하고 있었다. 예수님께서 이를 불쌍히 여기시며 시몬을 찾아가셨다.

예수님께서 시몬을 안타깝게 보시며,
"시몬아, 문둥병으로 고생이 많구나."

시몬이 엎드려 절을 하면서,

“오, 예수님, 제가 주님께 큰 죄를 지었습니다.

마리아에게도 큰 잘못을 했습니다.”

예수님께서 문둥병으로 하얗게 된 시몬의 두 손을 잡으시며,

“네가 낫기를 원하느냐?”

“네, 주님….”

시몬이 두 손을 얼른 빼며,

“주님! 제 문둥병 걸린 손을 잡으시면 안 됩니다.”

“괜찮다 시몬아, 내가 네 손을 잡아 주지 않으면 누가 네 손을 잡아 주겠느냐?”

시몬이 다시 엎드려 울며,

“주님, 제가 큰 죄를 지었습니다.”

예수님께서 시몬의 두 손을 다시 잡아 일으키시며,

“너는 베다니에 있는 마리아에게 가서 사과해라.

그러면 마리아는 너를 위해 기도해 줄 것이고 너는 문둥병으로부터 자유로워질 것이다.”

“네, 주님, 주님의 말씀대로 그렇게 하겠습니다.

감사합니다, 주님, 감사합니다….”

예수님 말씀대로 시몬은 서둘러 마리아의 고향인 베다니로 내려갔다. 시몬이 문둥병에 걸렸으므로 베다니에 들어가지 못하고 입구에서 서성거리고 있으니 마리아가 나와 시몬을 반갑게 맞이했다. 시몬은 마리아에게 지난날의 잘못을 사과했다. 그리고 마리아는 시몬을 위해 기도해 주었더니 예수님 말씀대로 시몬의 문둥병은 말끔히 나았다.

새 삶을 살게 된 시몬은 자신을 형제같이 대해 주는 마리아의 가족도 베다니에서 살고 있었고 또 예수님께서도 그곳에 가끔 오셔서 지내시기 때문에 가버나움으로 되돌아가지 않고 베다니에서 살기로 했다. 그때부터 시몬은 비록 문둥병은 나았어도 바리새인 시몬이 아닌 베다니의 문둥병자 시몬이란 이름으로 불리며 새 삶을 시작했다.

→ 제4막 ←

혈루증 여인

예수님과 제자들이 배를 타고 가버나움으로 돌아오니 백부장 유스도, 그의 종 요셉, 막달라 마리아, 사마리아 여인 아비가일 그리고 과부 도르가와 그 외아들 등 예수님을 따르는 많은 사람이 반갑게 맞이했다.

유스도가 예수님께 다가와 예의를 갖추며,
"주님, 어젯밤 바다에서 큰 풍랑이 있었는데 괜찮으셨습니까?"

예수님께서 유스도 어깨에 손을 얹으시며,
"그럼, 괜찮았지, 아버지께서 크신 은혜도 베풀어 주셔서 귀신 들렸던 우리아가 제정신으로 돌아왔다."

유스도가 깜짝 놀라며,
"그 힘세고 거칠기로 유명한 우리아 말입니까?
참으로 굉장하고 감사한 일이네요."

막달라 마리아가 예수님과 제자들을 둘러보며,
"주님, 저희는 주님 걱정에 밤새 하나님께 기도하며 한잠도 못 잤습니다."

"그래, 고맙구나, 너희 기도 덕분에 풍랑도 이기고 복음도 잘 전하고 왔다."

예수님께서 그들과 말씀을 나누시며 저 멀리 한쪽 구석에서 예수님을 바라보고 있는 혈루증 여인 요안나를 보셨다.

요안나가 예수님 쪽을 보면서 혼잣말로,
"저 예수님을 따르는 사람 중에는 그 유명한 사마리아의 아비가일, 일곱 귀신 들렸다던 막달라 마리아, 외아들이 살아난 나인성의 과부 그리고 세리와 이방인과 노예도 있으니 그렇다면 저분은 나같이 저주받은 혈루증 병자도 받아 주실까…."

예수님을 기다리던 많은 사람이 예수님 계신 곳으로 몰려오니 예수님께서 크신 소리로,
"힘들고 지친 자들은 모두 내게로 오라!
하나님을 믿고 또 하나님께서 보내신 나를 믿어라!
나를 믿는 자는 세상이 줄 수 없는 평안을 누릴 것이다!
나를 따르는 자는 그 무엇과도 바꿀 수 없는 기쁨이 넘칠 것이다!"

예수님께서 요안나가 있는 쪽을 다시 보시며 크신 소리로,
"무거운 짐 진 자들은 모두 내게로 오라!
내가 너희를 쉬게 하리라!"

그때 예수님을 여러 번 뵈었던 가버나움의 회당장 야이로가 예수님 앞에 와서 엎드려 절하며,

"선생님, 이제 겨우 열두 살밖에 안 된 제 외동딸이 죽어 가고 있습니다! 선생님께서 오셔서 제 딸에게 손을 얹어 주시면 제 딸이 살겠습니다!"

예수님께서 야이로를 일으키시며,

"야이로야, 하나님을 믿고 또 나를 믿어라.
딸은 괜찮을 것이니 너희 집에 가 보자."

예수님께서 야이로 집으로 일부러 천천히 가시며 요안나가 있는 쪽을 보셨다. 제자들과 여인들과 많은 사람이 예수님을 에워싸며 따라갔다.

멀리서 이를 지켜보던 요안나가 혼잣말로,

"나는 사람들에게 가까이 가서도 안 되고 가까이 가면 돌 맞을 위험도 있지.
그러나 저 예수님의 옷자락이라도 만지면 이 병에서 꼭 나을 것 같으니….
가자, 가서 예수님의 옷자락이라도 만지자.
죄인이라는 여인들도 세리들도 이방인들도 예수님께서 받아 주셨으니 나도 받아 주실 거야…."

요안나가 예수님 쪽으로 오니 사람들이 물러서며,

"이 여인은 오랫동안 혈루증 걸린 요안나인데 사람이 많은 곳에 오다니 제정신이 아니군."

"조심들 하게, 저 여인에게 닿기만 해도 부정 타네."

"아니, 아니, 저 여인은 돌에라도 맞으면 어떻게 하려고 여기까지 오는 거지?"

요안나는 약해진 몸이지만 온 힘을 다해 예수님께 다가와서 뒤에서 엎드려 예수님 옷자락을 만졌다.

그 순간 요안나는 몸이 나은 것을 느끼자 깜짝 놀라며,
"내 몸이 뜨겁고 병이 나은 것 같으니…."

예수님께서 가시던 길을 멈추시고 주위를 둘러보시며,
"누가 내 옷을 만졌느냐?
내게서 병 고치는 능력이 나갔다!"

베드로가 이상하게 생각하며,
"주님, 이렇게 많은 사람이 예수님을 에워싸고 있는데 무슨 말씀이신지요?"

예수님께서 크신 소리로,
"중한 병에 걸린 자가 믿음으로 내 옷을 만졌기에 내게서 병 고치는 능력이 나가 그 병이 나았다!"

야이로가 안타까워하며,

“주님, 제 딸은 지금 죽어 가고 있습니다.

한시가 급합니다, 주님, 어서 가시지요.”

안드레가 예수님을 에워싸는 사람들을 밀어내며,

“주님, 사람들이 주님을 이렇게 에워싸고 있습니다.

주님께 손을 대는 사람은 한둘이 아닙니다.”

그러나 예수님께서는 제자들의 말에 아랑곳하지 않으시고 천천히 주위를 몇 번이고 살피시며 누군가의 병이 고쳐졌음을 주위에 충분히 알리셨다. 예수님께서는 혹 사람들이 아직도 요안나를 저주받은 혈루증 병자로 오해해서 돌이라도 던질까 걱정하셔서 여러 번 요안나의 병이 나았음을 알리셨다.

예수님께서 엎드려있는 요안나를 자상히 보시자 요안나가 고개를 들며,

“주님, 제가 감히 주님 옷을 만졌습니다.”

예수님께서 요안나를 일으키시며,

“그래, 요안나, 너였구나, 잘했다, 잘했어.

내게 오기까지 큰 믿음의 용기를 내었구나.

요안나야, 얼마나 오랫동안 고생을 한 것이냐?”

“네, 주님, 제가 혈루증으로 집을 떠난 지는 이미 12년 되었습니다.

그동안 많은 의원을 찾아다녔지만 가진 것만 모두 없어졌을 뿐 병은 오히려 점점 심해졌습니다."

"그렇구나, 12년 동안이나 참 고생이 많았다.
그런데 요안나야, 너는 어떻게 내 옷을 만져야겠다는 생각을 했느냐?"

"네, 주님, 저는 저주받은 몸이라 차마 주님께 갈 엄두도 못 냈습니다.
그런데 멀리서나마 주님을 뵈면 뵐수록 제 병은 꼭 나을 것이라는 믿음이 점점 강해지고 주님께서 받아 주신 주변 사람들을 보며 용기가 생겨 주님의 옷자락이라도 만져야겠다는 생각밖에 없었습니다."

예수님께서 요안나의 어깨를 두들겨 주시며,
"그래, 참 잘했다. 요안나야, 네 병을 저주받아 생긴 병이라고 너무 자책하지 마라.
무슨 병이든 무슨 죄이든 하나님을 믿고 또 나를 믿으면 아버지의 사랑으로 다 사라진다.
네 믿음이 너를 구원했으니 집으로 평안히 돌아가서 그동안 누리지 못했던 행복을 가족과 누리며 잘 살아라."

"네, 주님, 제 평생 주님께 감사하며 제게 베푸신 크신 은혜를 나누며 살겠습니다.
감사합니다, 주님, 감사합니다."

예수님께서 요안나와 하시는 말씀이 길어지자 야이로는 매우 초조해 하며,

"주님, 제 딸이 죽어 가고 있습니다.
한시가 급합니다, 주님!"

"야이로야, 하나님께서는 산 자의 하나님이시다.
하나님의 사랑을 끊을 수 있는 것은 천지에 아무것도 없으니 너는 하나님을 믿고 또 하나님께서 보내신 나를 믿기만 하면 된다."

아직 예수님께서 말씀하시고 계실 때 야이로 집에서 사람들이 뛰어와서,

"회당장님, 따님이 조금 전에 죽었습니다."

야이로가 그 자리에 풀썩 주저앉으며,

"뭐라고, 내 딸이 죽었다고!
오, 하나님, 오, 하나님…."

야이로가 눈물이 가득한 얼굴로 예수님을 바라보니 야이로 집에서 온 사람들이 원망스러운 눈으로 예수님을 보며,

"회당장님, 따님은 이미 죽었으니 저 선생님이 이제 더는 하실 일이 없습니다.
자, 어서 가시지요."

야이로가 어찌할 바를 모르고 예수님을 계속 바라보니 예수님께서 야이로의 머리에 손을 대시며,

"야이로야, 죽음도 결코 하나님의 사랑을 막진 못한다.

내가 하나님께서 보내신 세상의 빛이요 세상의 생명이니 너는 의심치 말고 하나님을 끝까지 신뢰해야 한다."

야이로가 예수님 앞에 엎드리며,

"주님, 믿습니다! 사랑의 하나님을 믿고 또 그 하나님께서 보내신 주님을 믿습니다.

제발 저의 어린 외동딸을 살려만 주십시오…."

예수님께서 야이로를 일으키시며,

"자, 어서 가 보자."

예수님께서 야이로 집에 도착하시니 많은 사람이 울면서 외동딸의 죽음을 슬퍼하고 있었다.

야이로의 아내가 나와서 예수님의 옷자락을 잡고 그 자리에 풀썩 주저앉아 울면서,

"주님, 왜 이제야 오십니까.

조금만 빨리 오셨어도 저희 딸은 살 수 있었는데요…."

예수님께서 야이로의 아내를 일으키시며,
“너희 딸은 죽은 것이 아니라 잠시 잠자고 있으니 너무 슬퍼하지 마라.”

예수님께서 주위에서 우는 사람들을 둘러보시며,
“너희는 어찌 이렇게 소란스럽게 울기만 하느냐?
아버지께서는 산 자의 하나님이시니 하나님을 믿고 또 하나님께서 보내신 나를 믿어라.
야이로의 딸은 죽은 것이 아니라 잠든 것이다.”

사람들이 서로의 얼굴을 보며,
“저분은 아이가 죽은 것도 모르고 이곳에 오셨나?”

“아닐 걸세, 저분은 얼마 전에 나인성 과부의 외아들도 살려 주셨다네.”

예수님께서 따라온 사람들에게,
“베드로, 야고보, 요한은 나를 따르고 나머지는 이곳에서 기다리고 있어라.”

예수님께서 야이로와 그 아내에게,
“딸이 어디 있느냐?”

야이로의 아내가 한 방을 가리키니 예수님께서 가시며,
“자, 어서 들어가 보자.”

예수님께서 세 제자와 야이로와 그 아내만 딸이 누워 있는 방으로 들어오게 하셨다.

예수님께서 허리를 굽혀 야이로 딸의 손을 잡으시며,
"소녀야, 내가 네게 말하노니 잠에서 깨어 일어나라."

소녀가 예수님 손을 잡고 천천히 일어나니 야이로와 그의 아내 그리고 세 제자는 깜짝 놀라며 뒷걸음을 쳤다.

소녀가 예수님 품에 꼭 안기며,
"예수님! 예수님이 저를 살려 주셨어요.
어둠에 갇혀 있다가 예수님 음성이 들리면서 어둠은 갑자기 환한 빛으로 변했어요.
예수님, 감사합니다, 감사합니다."

예수님께서 소녀를 침상에서 일으켜 당황하며 어쩔 줄을 모르는 야이로와 그 아내에게 건네주시며,
"아버지 하나님의 사랑이 너희 딸을 살려 주셨다.
네 딸은 배고플 테니 어서 먹을 것을 좀 챙겨 주어라."

예수님 말씀에 야이로와 그 아내가 정신을 차리고,
"딸아, 딸아, 네가 살아나다니 어디 좀 안아 보자…."

“아버지, 어머니, 제가 살았어요.
아픈 것도 말끔히 사라졌어요!”

야이로와 그 아내와 딸이 서로 부둥켜안고 울다가 예수님 앞에 엎드리며,
“주님, 감사합니다, 감사합니다.
이 은혜 평생 간직하며 살겠습니다, 감사합니다.”

예수님께서 그들을 일으키시며,
“자, 다들 일어나서 아직도 슬피 울고 있는 사람들에게도 이 기쁜 소식을 알리고 얼른 딸에게 먹을 것 좀 주어라.”

베드로가 두 손을 들고,
“우리 예수님께서 과부의 외아들도 살리시고 야이로의 외동딸도 살리셨다!
우리 주님을 만나면 병든 자는 낫고 죽은 자도 살아난다!
할렐루야! 할렐루야!”

예수님께서 야이로의 딸과 함께 방 밖으로 나오시니 밖에서 슬피 울고 있던 사람들이 깜짝 놀라며,
“아니, 죽었던 아이가 다시 살아 걸어 나오다니 세상에 이런 일이….”

“죽음도 저분을 막을 수 없으니 저분은 누구신가?”

제자들과 예수님을 따라온 사람들이 모두 예수님 앞에 엎드려 경배드렸다.

예수님께서 사방을 둘러보시며 크신 소리로,
"하나님께서는 산 자의 하나님이시다!
그러므로 하나님을 믿는 자는 죽어도 살아날 것이며 살아서 믿는 자는 영원히 죽지 않는다!
너희는 이 복음을 들었다!
너희는 이 복음을 보았다!
너희는 이 복음을 만졌다!"

사람들이 모두 손을 들면서,
"아멘! 아멘! 아멘!"

"12년 동안 혈루증으로 고생한 요안나도 12년 동안 사랑받다가 죽었던 외동딸도 하나님과 그분께서 보내신 나를 믿고 의지하여 새로운 삶이 시작되는 것을 너희는 보았다.
너희 모두는 이 일에 목격자이니 이제부터 너희는 산 자의 하나님이신 아버지와 부활이요 생명인 나의 증인이 되어 가족과 이웃에게 이 큰 기쁨의 참 좋은 복음을 전해라!"

사람들이 모두 손을 들고 일어나며,

“아멘! 아멘! 할렐루야! 할렐루야!”

사람들의 감사와 기쁨의 외침은 예수님 계신 곳과 하늘에 울려 퍼졌다.

제5막

가나안 여인

예수님과 제자들이 두로 지방에 도착하니 많은 사람이 예수님을 알아보고 반가워했다.

그중 가나안 여인 그두라가 멀리서 예수님을 보고 달려오며 큰 소리로,
"다윗의 자손 예수님! 저를 불쌍히 여겨 주십시오!
제 딸이 귀신 들려 심한 고통 중에 있습니다!"

예수님께서 묵묵히 가시니 베드로가 이상하게 생각하며,
"주님, 저 여인이 계속 소리를 지르며 따라오고 있습니다.
저 여인의 청을 들어주시면 좋을 것 같습니다."

예수님께서 베드로의 말에 대답하지 않으시고 사람들에게 알려지지 않은 어느 한 집에 들어가셨다. 아무도 예수님을 찾아오는 사람이 없었지만 곧이어 그두라는 예수님을 찾아왔다.

그두라가 예수님을 찾아와 발아래 엎드려 울면서,
"다윗의 자손 예수님! 저희 모녀를 불쌍히 여겨 주십시오.

제 딸이 악한 귀신 때문에 죽어 가고 있습니다!"

예수님께서 그두라를 일으키시며,
"네가 어찌 나를 다윗의 자손이라고 부르느냐?"

"저는 예수님께서 수가성의 아비가일을 구원해 주신 것을 알고 있습니다.
그리고 그때 예수님께서 구원은 다윗의 자손에게서 나온다고 말씀하셨다고 들었습니다.
저는 주님을 하나님께서 보내신 다윗의 자손으로 믿고 있습니다."

그두라가 다시 엎드리며,
"다윗의 자손 예수님, 불쌍한 제 딸을 귀신으로부터 구해 주십시오."

"나는 하나님 집의 잃은 양들을 위해 보내심을 받았다."

예수님께서 그두라를 일으켜 주시니 그두라가 울면서,
"주님께서 사마리아인 아비가일과 그녀의 말을 듣고 온 많은 사마리아인을 구원해 주셨습니다.
이방인 백부장의 종 요셉도 귀신 들렸던 우리아도 구원해 주셨습니다.
주님께서는 간절히 구하는 자 모두에게 큰 은혜를 베풀어 주셨습니다."

예수님께서 그두라를 대견스럽게 보시며,

"그두라야, 자녀의 빵을 개들에게 주기 전에 자녀가 먼저 빵을 배불리 먹어야 하지 않겠느냐?"

"맞습니다, 주님, 그러나 개들도 제 주인의 상에서 떨어지는 부스러기는 먹습니다.
주님께서는 저의 주인이시고 저희 모녀의 소망이십니다."

예수님께서 그두라를 사랑스럽게 보시며,
"너는 나를 진심으로 너의 주인으로서 믿는구나.
너의 믿음은 참으로 크다."

예수님께서 그두라의 어깨에 손을 얹으시며,
"네 소원 그대로 될 것이니 어서 네 딸이 기다리고 있는 집으로 돌아가거라."

예수님께서 이 말씀을 하시자 그두라는 다시 예수님 앞에 엎드려 절하고 집으로 서둘러 돌아갔다. 그두라가 집에 가 보니 예수님께서 소원대로 될 것이라고 말씀하신 그때 딸로부터 더러운 귀신은 떠났고 딸은 침상에 편히 누워 있었다.

베드로가 의아해하며,
"예수님, 주님께서는 하나님 집의 잃은 양들을 찾는다고 하셨는데, 그럼 저 가나안 여인 그두라도 하나님 집의 잃은 양이었습니까?"

"그렇다. 그두라도 하나님 집의 잃은 양이었다.
하나님의 잃은 양들은 울타리 안에도 밖에도 있다.
유대인 중에도 이방인 중에도 있다.
이제 한 양을 찾았으니 하늘나라에서는 큰 기쁨의 잔치가 열리겠구나!"

안드레가 이해 못 하겠다는 표정으로,
"그런데 주님, 주님께서 자녀의 빵을 취하여 개들에게 주는 것은 안 된다고 하실 때 그두라를 개로 표현한 것이 아니었나요?"

"안드레야, 나는 그두라를 가리켜 한 말이 아니다.
그두라는 그리스도를 기다리는 믿음으로 내게 다윗의 자손이라고 고백하지 않았느냐?"

야고보가 고개를 끄떡이며,
"그런 뜻이었다면 주님께서 여러 번 말씀하셨듯이 네 믿음이 너를 구원했다고 하지 않으시고 왜 그 여인의 믿음은 참으로 크다고 칭찬하셨는지요?"

예수님께서 제자들을 두루 보시며,
"그두라가 내게 한 일과 한 말을 잘 기억해 보아라.
그두라는 믿음으로 끝까지 포기하지 않고 아무도 찾아오지 않았던 집까지 나를 찾아왔다.
그리고 그두라가 '개들도 제 주인의 상에서'라고 한 것은 나를 자신의 진정한 주인으로 믿으며 간절히 구하는 신실한 믿음의 고백이었다.
마치 하나님께서 하늘의 새들도 들판의 꽃들도 돌봐주시는데 하면서 간절히 구하는 고백 같지 않으냐?
그래서 내가 그녀를 크게 칭찬한 것이다.
너희들도 집안의 개들과 하늘의 새들과 들판의 꽃들을 보며 하나님의 은혜와 사랑을 느낄 수 있으면 좋겠구나."

요한이 손뼉을 치며,
"아, 그런 뜻이었군요, 주님!
아하, 주님께 믿음의 칭찬을 받은 사람은 유스도와 그두라 두 이방인뿐이니 유대인으로 태어난 저희는 부끄럽기만 합니다."

예수님께서 제자들의 손을 잡아 주시며,
"지금은 너희가 내 말을 잘 이해하지 못하지만 내가 죽은 자 가운데서 살아나면 내 말들을 기억하며 이해하게 된다. 오직 성령이 너희에게 임하면 내가 너희에게 했던 말들과 너희가 오늘과 같이 옆에서 듣게 된 말들이 기억나며 이해될 것이다."

제6막

간음한 여인

예수님께서 초막절이 거의 끝나갈 무렵 예루살렘으로 가셨다. 바리새인들과 율법사들은 예수님께서 예루살렘에 오셨다는 소식을 듣고 모였다. 그들은 어떻게 하면 예수님을 모함할 수 있을까 의논했다.

바리새인 라반이 일어서며,

"예수라는 선생이 예루살렘에 왔다고 하니 내일 아침에는 성전에 나타날 것입니다."

율법사 시므이도 일어서며,

"이번에는 어떻게 해서든지 그의 가르침이 가짜라는 것을 알려야 하오. 그는 서로서로 용서하고 사랑하라고 하니 그의 말로 그를 잡읍시다."

라반이 이해할 수 없다는 표정으로,

"그의 말로 그를 잡겠다니 무슨 말이오?"

시므이가 작은 목소리로,

"이렇게 하면 어떻겠소.

왜 혼자 사는 방탕한 디나가 있질 않소.
내가 부하 한 명을 매수해 놓을 테니 당신은 디나를 저녁에 초대하시오.
둘이 같이 앉게 해서 디나에게 술을 많이 먹인 후에 간음하게 합시다.
우리는 아침에 간음 현장에 가서 디나를 잡아 예수에게 데려가면 됩니다."

라반이 고개를 갸우뚱거리며,
"남자는 놔두고 디나만 예수에게 데려가서 뭘 어떻게 하자는 말이오?"

시므이가 괜찮다는 표정으로 고개를 끄떡이며,
"디나가 간음 현장에서 잡혔으니 모세의 율법에 따라 돌로 쳐야 하는지 아니면 그의 가르침처럼 용서하며 사랑해야 하는지 물어만 보면 됩니다.
돌로 치라고 하면 그의 가르침이 틀렸다고 스스로 인정하는 것이고, 용서하라고 하면 모세의 율법을 어기는 것이 되질 않겠소!
우리는 무슨 대답을 듣게 되든 그가 가짜라는 것을 사람들 앞에서 밝히면 되오."

라반이 고개를 끄떡이면서도 석연찮은 표정으로,
"모세의 율법에 따르면 간음한 남자와 여자 모두를 돌로 쳐야 하는데….
어쨌든 좋은 생각 같으니 그리 하도록 합시다.
내가 초막절을 핑계로 디나를 저녁에 초대하겠소.
그럼 저녁에 모두 다시 모입시다."

시므이는 외모가 잘난 부하를 불러 돈을 주며,

"자네는 디나가 라반의 집에 오면 얼른 가서 친절하게 잘 대해 주게.

같이 앉아 술을 마시다가 디나가 많이 취하면 데리고 그녀의 집으로 가서 같이 자게.

새벽에 우리가 그녀 집으로 갈 테니 그때까지 같이 있다가 도망가면 되네.

여기 수고비가 있으니 받아두게."

한편 라반이 디나를 식사에 초대하기 위해 하인을 그녀의 집으로 보냈다. 그때 디나는 지치고 피곤한 모습으로 방에 앉아 울면서 자신의 신세를 한탄하고 있었다.

디나가 한숨을 내쉬며,

"몸은 남자를 찾는데 마음은 남자들이 역겨우니….

남자를 만나면 만날수록 실망하고 배신감만 느껴지지만, 이 추잡한 몸은 그래도 남자를 원하니….

여러 번 결혼하며 방황하던 수가성의 아비가일도 예수라는 분의 말씀을 듣고 마음잡고 행복하게 살고 있다는데 나도 아비가일처럼 마음잡고 살 수 없을까…."

디나가 자신의 신세를 한탄하며 울고 있을 때 라반의 하인이 디나 집의 문을 두들기며 큰 소리로,

"안에 누구 있습니까? 안에 누구 있습니까?"

디나가 눈물을 닦고 머리를 가다듬으며 나와서,
“누구십니까?”

“저의 주인 바리새인 라반이 보낸 하인입니다.”

디나가 문을 열어 주며 못마땅한 표정으로,
“아니 바리새인의 하인이 무슨 일로 내 집까지 왔나요?”

“초막절이라 주인님이 오늘 저녁때 술과 음식을 많이 준비하고 동네 사람들을 초대해서 대접하신답니다.
부인도 꼭 오시길 바란다고 주인님이 말씀하셨습니다.”

디나가 혼잣말로,
“음, 술이라니….
그러잖아도 허전하고 그랬는데 뭐 잘된 일이네.”

디나가 목소리를 가다듬으며,
“알았으니 간다고 전해 줘요.”

저녁이 되자 시므이는 외모가 잘난 부하를 잘 입혀서 라반의 집으로 일찍 데리고 왔다. 디나도 화려하게 차려입고 얼마 후에 라반의 집으로 왔다.

시므이의 부하가 서성거리며 디나를 기다리다가 디나가 들어오는 모습을 보고 다가가서,

"아니 이렇게 아름다우신 분께서 오시다니요!
참 잘 오셨습니다, 이쪽으로 와서 어서 앉으시지요."

디나가 혼잣말로,

"잘생긴 남자가 나를 이렇게까지 환영하다니 오늘은 뭔가 일이 재밌게 시작되는 것 같은데…."

디나가 자리에 앉으니 시므이 부하가 얼른 술병과 잔을 디나 자리로 가져오며,

"제가 아름다운 당신의 옆에 앉아도 될까요?"

디나가 마지못해서 허락하는 척하며,

"원하신다면 뭐 그렇게 하시지요."

사람들이 모두 자리에 앉자 라반이 일어서서 술잔을 높이 들며 큰 소리로,

"자, 모두 잘 오셨습니다!
오늘은 아무 생각 없이 마음껏 마시며 즐기세요.
초막절도 끝나 가니 비를 내려 달라고 하나님께 기도하면서 말입니다."

라반의 말에 사람들은 술잔을 비웠고 시므이 부하와 디나는 서로 술을 따라 주며 많이 마셨다. 시간이 꽤 흘러 디나가 술에 많이 취해서 자신의 몸도 제대로 가누지 못하자 시므이가 눈짓으로 부하에게 지시했다. 그러자 부하는 고개를 끄떡이고 만취된 디나를 부추겨서 디나의 집으로 갔다.

다음 날 구름이 잔뜩 껴서 날은 흐리고 비는 부슬부슬 내리고 있었다. 이른 새벽에 시므이와 다수의 바리새인들과 율법사들이 라반의 집에 다시 모였다.

시므이가 하늘을 보며,

"초막절 마지막 날인데 우리가 기도도 하기 전에 비가 오는 것을 보니 하나님도 우리가 나사렛 예수를 제대로 잡기를 원하시는 것 같소!

자, 어서 디나를 잡아서 예수에게 데리고 갑시다!"

[초막절 마지막 날에는 하나님께 비를 구하며 기도하는 유대인의 전통이 있었다.]

그들은 빠른 걸음으로 디나의 집으로 갔다. 시므이가 디나의 집으로 들어가 방문을 여니 시므이의 부하와 디나가 함께 누워 있었다.

시므이가 소리치며,

"이건 간음이다, 간음이야! 어서 디나를 끌어내라!"

디나를 사람들이 끌어내는 사이에 시므이의 부하는 서둘러 디나의 집을 빠져나갔다. 그들은 길거리에서 돌을 한두 개씩 집어 들고 성전 쪽으로 디나를 끌고 갔다.

한편 예수님께서는 해가 뜰 무렵 집에서 나오셔서 성전에서 예수님을 기다리던 사람들에게 하늘나라에 대해 가르치셨다. 예수님께서 말씀을 마치시더니 성전 계단의 맨 아래 중앙에 앉으셔서 몸을 굽혀 땅바닥에 손가락으로 뭔가를 쓰고 계셨다. 예수님께서 나오실 때 베드로와 돈지갑을 맡은 가룟 유다도 초막절 마지막 날의 준비도 할 겸 따라 나왔다.

땅바닥에 글을 쓰시는 예수님 옆에서 서성거리던 베드로가 이상하다는 표정으로,

"주님, 비도 부슬부슬 내리고 날씨도 찬데 성전 안으로 들어가시지요.
왜 성전에 안 들어가시고 계단에 앉으셔서 바닥에 글만 쓰고 계십니까?"

"누구를 좀 기다리는 중이다."

"주님, 누군데요? 저도 아는 사람입니까?"

"너는 모르는 사람이다.
이제 곧 올 것이니 조금만 더 기다리자."

그때 사람들이 디나를 끌고 와 예수님 앞에 세웠다. 그리고 조금 떨어져서 손에 돌을 움켜쥐고 디나를 향해 둘러섰다. 디나는 얼굴을 가리고 눈물 흘리며 두려워 떨고 서 있었다.

라반이 큰 소리로,
**"선생님! 우리가 간음 현장에서 이 여자를 잡아서 끌고 왔습니다!
간음한 이 여자를 어떻게 할까요!"**

시므이가 주위의 사람들을 둘러보며 비웃듯이,
**"선생님! 모세의 율법에 따라 이 간음녀를 돌로 칠까요?
아니면 선생님 말씀대로 율법을 어기면서 사랑으로 용서하고 놔줄까요?
어서 대답 좀 해 보시지요!"**

다른 바리새인들과 율법사들도 돌을 높이 쳐들며 큰 소리로 예수님께 같은 질문을 했다. 그러나 예수님께서는 앉으셔서 묵묵히 손가락으로 땅바닥에 뭔가를 계속 쓰셨다.

예수님 옆에서 이 광경을 지켜보던 베드로가 그들의 질문에 당황하며 혼잣말로,

"오, 하나님, 우리 예수님께서 이렇게도 저렇게도 대답하실 수 없으니 이를 어찌합니까?
이대로 꼼짝없이 저들의 음모에 걸리게 생겼습니다."

갸롯 유다가 예수님 옆으로 와서,
"주님, 주님과 상관없는 일이니 그냥 무시하고 다른 곳으로 피하시지요.
여기 있다간 저들이 디나에게 던지는 돌에 우리까지 맞게 생겼습니다."

그들이 계속 같은 소리를 지르니 예수님께서 일어나셔서 그들을 천천히 둘러보시며,
"누구든지 자기 자신에게 죄가 없다고 생각하는 자가 먼저 돌로 쳐라."

예수님께서는 이 말씀을 하시고 다시 몸을 굽혀 계속해서 손가락으로 땅에 뭔가를 쓰셨다. 예수님 말씀을 들은 사람들은 크게 당황하며 들었던 돌들을 내려놓고 나이가 많은 사람들로부터 시작하여 젊은이들까지 모두 돌아갔다.

라반이 고개를 숙이고 힘없이 돌아가며,
"이상한 일이다, 정말 이상한 일이야.
저 선생 말씀에 남모르는 내 죄들이 내 눈앞에 주마등같이 지나가다니…."

시므이도 믿을 수 없다는 표정으로 의아해하며,

"마치 내 죄들을 다 알고서 하는 말 같아서 힘이 쭉 빠지는 것이 쥐구멍이 라도 있으면 숨고 싶으니….
왜 내 마음이 이렇게 뒤숭숭하고 불안한지 도대체 알 수가 없구나."

디나를 끌고 왔던 사람들은 모두 양심의 가책을 느껴 땅바닥에 돌을 버리고 돌아갔다. 디나만 홀로 서서 떨며 손으로 얼굴을 가리고 울고 있었다.

예수님께서 일어나시며,
"디나야, 너를 끌고 온 사람들은 다 갔느냐?"

"네, 주님, 다들 가고 저만 남았습니다…."

디나는 예수님께 말씀드리고 지치고 긴장한 탓에 그 자리에 풀썩 주저 앉았다. 예수님께서 디나에게 다가가 일으켜 주시니 디나는 일어나면서 두 손으로 얼굴을 가렸다.

예수님께서 자상하신 목소리로,
"나는 죄를 물으러 이 땅에 온 것이 아니다.
나도 네 죄를 묻지 않을 테니 집으로 돌아가거라."

디나가 깜짝 놀라 얼굴을 들고 예수님을 바라보며,

“제가 이대로 가도 됩니까? 저 같은 죄인이….”

예수님께서 디나를 불쌍히 여기시며,
“디나야, 이제부턴 죄를 짓지 말고 잘 살아야 한다.”

그때 부슬비를 몰고 왔던 구름이 걷히면서 아침 햇살이 밝게 비추니 디나가 환한 얼굴로 하늘을 보고 예수님을 보며 감사했다.

디나가 눈물 가득한 눈으로 예수님을 보며,
“저는 오랫동안 아침 하늘을 보며 이렇게 햇살을 맞은 적이 없었습니다.
주님께서 제게 빛을 주시고 새 삶을 주셨습니다!
이제는 더는 죄짓지 않고 살겠습니다.
감사합니다, 주님….”

예수님께서 디나와 주위 사람들을 보시며,
“내가 곧 세상의 빛이요, 내가 곧 세상의 생명이다.
나를 믿는 자는 어둠을 걷는 일도 없고 죽음을 맛보는 일도 없다!”

예수님 말씀을 들은 디나는 감사하며 기쁨을 안고 집으로 돌아갔다.

베드로가 예수님께 다가오며,
“주님, 전 얼마나 걱정을 했는지 모릅니다.

주님께서 돌로 치라고 하실지 용서하라고 하실지 몰라서 말입니다.
허허, 그런데 주님께서 돌로 치라고 하셨으니 모세의 율법도 지키신 것이고 그들도 돌 놓고 돌아가고 주님께서도 디나를 정죄하지 않으셨으니 율법도 용서도 다 이뤄졌네요!
하하, 주님, 그저 놀랍고 놀라운 일입니다!"

예수님께서 베드로를 사랑스럽게 보시며,
"베드로야, 그게 그렇게 놀라우냐.
앞으로 더 놀라운 일을 보게 될 것이다.
아버지의 죄에 대한 심판도 용서의 사랑도 모두 만족하게 해 드리는 일을 내가 꼭 이 예루살렘에서 이뤄야 한다."

베드로가 뒷머리를 긁으며,
"그런데 주님, 아주 궁금한 것이 있는데요…."

"뭐가 또 그리도 궁금하냐?"

"조금 전에 땅바닥에 무엇을 열심히 쓰셨습니까?"

"그들이 이제까지 저지른 자신의 죄들을 기억하여 양심의 가책을 받도록 아버지의 은혜를 구했다.
또한, 그들이 돌을 던지며 정죄하는 큰 죄를 짓는 일이 없도록 아버지께 간절히 구했다."

가룟 유다가 못마땅한 표정으로,

"주님, 하늘에서 불을 내리셔서 주님을 음모에 빠트리려는 그들을 태우시든가, 아니면 그들의 죄들을 적으셔서 지옥의 심판대로 보내면 되지 않았겠습니까?"

"아니다, 나는 정죄하고 심판하러 온 것이 아니라 다만 아버지의 잃어버린 자녀들을 찾으러 왔다.
아버지께서 내게 맡기신 모든 양을 하나도 잃지 않고 모두 구하는 것이 오직 내가 할 일이다."

제7막

나사로 마리아

예수님께서 가버나움에 계시다가 유월절에는 예루살렘으로 가실 계획이셨다. 예수님께서는 가끔 베다니에 가셔서 마리아, 마르다 그리고 오빠 나사로를 만나셨다. 이 삼 남매는 일찍이 세례 요한이 베다니에서 예수님에 대하여 증거할 때 그 자리에 있었다. 특히 막내 마리아는 예수님 발에 향유를 붓고 자기 머리털로 닦아 드린 적도 있었다.

어느 날 가버나움의 집에서 예수님께서 선한 목자의 말씀을 통해 예수님께서 오신 것은 예수님을 따르는 양들로 생명을 얻게 하고 더 풍성히 얻게 하려 함이며 또 그 양들을 위해 목숨을 버리신다는 말씀을 하고 계셨다. 그때 베다니의 나사로가 죽을병에 걸렸으므로 마르다와 마리아는 사정을 잘 아는 아셀을 예수님께 보냈다.

아셀이 서둘러 베다니로부터 가버나움까지 먼 길을 와서 예수님께 인사드리며,

"안녕하세요, 주님, 저 아셀입니다, 편안하시지요?"

예수님께서 반갑게 맞으시며,

"아셀아, 오랜만이구나, 그동안 잘 지냈느냐?"

"네, 주님, 저는 주님을 뵌 이후로 잘 지내고 있습니다."

"그런데 아셀아, 무슨 일이라도 있는 거냐?"

"네, 주님, 주님께서 사랑하시는 나사로가 중병을 앓고 있어서 마르다와 마리아가 저를 급하게 보냈습니다."
주님께서 오셔서 나사로를 고쳐 주시길 다들 기다리고 있습니다."

제자들이 아셀의 말에 놀라 걱정스러운 표정으로 예수님을 보니 예수님께서 자리에서 일어나시며,
"그렇구나, 그러나 아셀아, 너무 걱정하지 마라.
나사로는 병으로 죽지 않고 오히려 하나님의 영광을 나타낼 것이고 이를 통해 하나님의 아들도 영광을 받게 될 것이다."

아셀이 고개를 끄떡이며,
"네, 주님. 잘 알겠습니다.
마르다와 마리아에게 그대로 전하겠습니다.
그럼, 저는 서둘러 다시 베다니로 돌아가겠습니다."

베드로가 아셀에게 여행 중 먹을 것을 챙겨 주면서,

“나사로 형제가 아프니 쉬다 가라고 할 수도 없고….
자 그럼, 조심해서 가세요.”

예수님께서 마리아와 마르다와 나사로를 많이 사랑하셨어도 나사로의 병에 대한 소식을 들으신 후에 뜻하신 바가 있어 계시던 곳에서 이틀을 더 머무르셨다.

예수님께서 간단히 여행 준비를 하시면서,
“자, 다들 나사로가 있는 유대로 가자.”

예수님 말씀에 제자들은 놀라며 당황했다.

베드로가 예수님께 다가가 예수님 손을 잡으며,
“주님, 얼마 전에도 유대인들이 주님을 돌로 치려 하지 않았습니까?
그런데 또 그리로 가시려 하십니까?”

안드레가 손을 저으며,
“주님, 지금 유대 쪽으로 가시는 것은 매우 위험합니다.”

“낮은 12시간이나 되질 않느냐?
사람이 낮에 다니면 이 세상의 빛을 보므로 넘어지지 아니하고, 밤에 다니면 빛이 그 사람 안에 없으므로 넘어진다.

나는 어두운 세상을 밝히는 빛이니 나를 믿는 자는 어두움에 다니지 아니하고 생명의 빛을 얻는다."

예수님께서 잠시 슬프신 표정으로 멀리 바라보시며,
"우리 친구 나사로가 잠들었으니 깨우러 가야 한다."

베드로가 안도의 숨을 쉬면서,
"주님, 나사로가 잠들었으면 스스로 일어날 것이니 주님께서 가실 필요는 없는 것 같습니다."

예수님께서 죽은 나사로와 슬픔에 잠겨 있을 마리아와 마르다를 생각하시며 안타까운 심정으로,
"나사로는 병으로 인해 이미 이틀 전에 죽었다."

도마가 깜짝 놀라 자리에서 일어나며,
"주님, 그렇다면 이틀 전 아셀이 이곳에 도착했을 때 나사로가 죽었단 말씀입니까?"

야고보가 매우 아쉬워하면서,
"주님께서 일찍 베다니로 가셨으면 나사로는 살 수 있었을까요?"

예수님께서 제자들을 천천히 보시며,

"마르다와 마리아를 생각하면 마음이 아프지만, 너희들을 생각하면 내가 거기 없었던 것은 잘된 일이다."

예수님께서 하늘을 보시고 제자들을 보시며,
"이 일로 인해 나를 믿는 자는 죽어도 살고 살아서 나를 믿는 자는 영원히 죽지 않는다는 것을 너희가 믿게 될 것이다."

도마가 단호한 표정으로 다른 제자들을 보며,
"왜들 망설이고 있습니까?
주님께서 죽음을 무릅쓰시고 베다니까지 가시겠다고 하시니 우리도 주님과 함께 죽더라도 가야지요!"

예수님과 제자들이 가버나움에서 베다니까지 이틀 만에 내려가니 나사로가 죽은 지 이미 4일이나 되었다. 베다니는 예루살렘에서 3키로 정도 떨어진 가까운 곳이므로 예루살렘의 많은 유대인이 마르다와 마리아를 위로하러 와 있었다.

아셀이 집 마당에서 손님들을 대접하고 있는 마르다에게 급하게 달려와서,
"마르다, 마르다, 예수님께서 지금 제자들과 함께 마을 입구에 와 계십니다, 어서 가 보세요."

예수님 오셨다는 말을 듣고 마르다는 곧 일어나 예수님께 갔다. 그러나 마리아는 예수님 오신 것을 모르고 집 안에서 혼자 기도하고 있었다.

마르다가 슬픈 표정으로 예수님 손을 잡으며,
“주님, 주님께서 이곳에 계셨더라면 오빠는 죽지 않았을 겁니다. 그러나 저는 이제라도 주님께서 무엇이든지 하나님께 구하시면 하나님께서 다 들어주실 것을 압니다.”

예수님께서 마르다를 일으키시며,
“마르다야, 나사로는 다시 살아나니 슬퍼하지 마라.”

“저도 마지막 날에는 오빠가 다시 살아날 것을 믿고 있습니다.”

“나는 부활이요 생명이니 나를 믿는 자는 죽어도 살고 살아서 나를 믿는 자는 영원히 죽지 않는다.
마르다야, 이 말을 네가 믿느냐?
네가 믿기만 하면 하나님의 영광을 보게 될 것이다.”

“주님, 믿습니다! 주님께서는 이 세상에 오시기로 약속된 그리스도이시며 하나님의 아들이심을 믿고 있습니다.”

“마르다야, 어서 가서 마리아에게 내가 이곳에서 기다리고 있다고 전해라.”

마르다는 기도하는 마리아에게 가서 가만히 귓속말로,

"마리아, 예수님께서 오셔서 마을 입구에서 너를 기다리고 계신다."

마리아가 깜짝 놀라며,

"예수님께서 오셨다고? 주님께서 오셔서 나를 기다리고 계신다고!"

마리아는 급히 일어나 마을 입구 쪽으로 울면서 달려갔다. 많은 유대인은 마리아가 급히 일어나 나가는 것을 보며 곡하러 나사로의 무덤에 가는 줄로 생각하고 마리아를 따라갔다. 한편 예수님께서는 아직 마을로 들어오지 아니하시고 마르다가 마중 나온 마을 입구에서 마리아가 올 때까지 기다리고 계셨다.

베드로가 예수님께 다가와서,

"주님, 가버나움에서 이틀 길을 서둘러서 오시더니 왜 여기까지 오셔서는 들어가지 않으십니까?"

"음, 마리아를 기다리고 있다."

"주님, 마리아의 집은 바로 저긴데 그냥 가시지요."

"아니다, 기도 중에 나를 만난 마리아가 올 때까지 이곳에서 기다리는 것이 좋겠다."

빌립과 나다나엘이 서로 얼굴을 쳐다보며 3년 전 일을 기억했다.

나다나엘이 감격스러운 얼굴로,
"맞습니다, 주님! 3년 전에도 주님께선 그리하셨습니다!
빌립이 오기 전에 저는 무화과나무 밑에서 기도하며 주님을 뵈었습니다.
주님께서 제게 오셔서 말씀하실 때 저는 기도 중에 뵌 주님이심을 알았습니다.
주님께서는 기도 중에 만나 주시고 기도한 자를 찾아와 주시는 분이십니다!"

이때 마리아가 급히 달려와 예수님 발 앞에 엎드리어 인사를 드리고 울음 섞인 목소리로,
"주님! 주님께서 이곳에 계셨더라면 오빠는 죽지 않았을 겁니다."

예수님께서 마리아와 그녀를 따라온 사람들이 슬피 우는 것을 보시고 슬픈 마음을 금치 못하시며 매우 안타까워하시면서 마리아를 일으키셨다.

예수님께서 마리아 손을 꼭 잡아 주시며,
"마리아야, 나사로를 어디에 두었느냐?"

"집에서 멀지 않은 곳에 두었습니다."

예수님께서 눈물을 흘리셨다.

예수님께서 하늘을 한 번 보시고 긴 숨을 내쉬면서,
"그래, 어서 나사로가 있는 곳으로 가 보자."

제자들이 서로의 얼굴을 보며 의아해했다.

빌립이 나다나엘에게 이상하다는 표정으로,
"마르다와 마리아는 주님께서 이곳에 계셨다면 나사로가 죽지 않았을 것이라고 주님께 드린 말씀은 똑같질 않았나?
그런데 왜 주님께서는 마르다가 왔을 땐 이곳에 그냥 계시더니 마리아가 오니 나사로가 있는 곳으로 가자고 하시지?
마르다와 마리아를 대하시는 것이 왜 이렇게 다르실까?"

나다나엘이 웃으며,
"마리아는 이미 기도 중에 주님을 뵈었으니 무슨 말이 더 필요하겠는가?
나사로를 살려 주신다는 주님의 응답을 받은 마리아에게는 나사로가 누운 곳으로 가서 주님의 은혜에 감사할 일만 남았다네."

베드로가 빌립과 나다나엘의 말에 끼어들며,
"나다나엘, 자네의 말이 맞네.
마리아는 마르다와는 주님을 뵙는 태도도 다르긴 했지.

마리아는 주님께 뛰어와 엎드려 정중히 인사부터 드리질 않았나.
마르다와 마리아가 주님께 말씀드린 내용은 같아도 마르다는 좀 원망스러운 말투였다면 마리아는 전혀 그렇지도 않았지.”

사람들은 예수님 얼굴에서 눈물이 흘러내리는 것을 보며 서로의 얼굴을 쳐다보고는 이해하기 어렵다는 표정으로,
“저분이 우시는 것을 보면 나사로를 많이 사랑하셨던 모양이군.”

“저분은 얼마 전에 예루살렘에서 자신을 세상의 빛이라고 하시며 날 때부터 소경된 사람의 눈에 진흙을 발라 실로암에 가서 씻게 하여 그 눈을 뜨게 하신 분이 아니신가?
그런 분이라도 죽을병을 고칠 능력은 없는 것일까?”

예수님과 사람들이 나사로의 무덤이 있는 곳에 도착했다.

예수님께서 나사로의 무덤 앞에서 탄식하시며 사람들에게,
“너희는 나사로 무덤의 돌을 치워라!”

마르다가 예수님과 사람들을 보면서,
“주님, 오빠가 죽은 지가 이미 4일이나 되었습니다.
시체 썩는 냄새가 여기까지 흘러나오고 있습니다.”

예수님께서 마르다를 불쌍히 바라보시며,
"마르다야, 네가 믿기만 하면 하나님의 영광을 보게 될 것이라고 내가 네게 말하지 않았더냐?"

예수님께서 사람들을 보시며 단호하신 표정으로,
"무덤의 돌을 치워라!"

베드로가 사람들을 둘러보며,
"예수님께서 말씀하시니 얼른 돌을 치웁시다.
자, 자, 이리로 와서 저 좀 도와주세요!"

베드로와 사람들이 나사로 무덤의 돌을 치우자 무덤으로부터 시체 썩는 냄새가 흘러나오니 모든 사람은 뒤로 물러서며 코를 막았다.

그러나 예수님께서는 무덤 앞으로 조금 더 나아가셔서 하늘을 향해 두 손 드시고,
"아버지, 제 기도를 늘 들어주시니 감사드립니다.
오늘 이렇게 사람들 앞에서 기도드리는 것은 나사로의 죽음을 슬퍼하는 이들을 위한 것입니다.
사랑의 아버지께서 이들을 그토록 사랑하셔서 저를 이 땅에 보내신 것을 이들이 믿게 하여 주옵소서."

예수님께서 기도를 마치신 후 두 손을 무덤 쪽으로 뻗으시고 크신 소리로,

"나사로야! 나오너라!"

예수님께서 나사로야 나오라고 하시자 4일 전에 죽었던 나사로가 얼굴이 수건으로 감긴 채 총총걸음으로 걸어 나왔다. 그러자 사람들은 깜짝 놀라 뒷걸음쳤다.

예수님께서 베드로를 보시고 고개를 끄떡이시며,

"자, 어서 나사로를 풀어 주어 자유롭게 걸을 수 있도록 해라."

베드로가 얼른 나사로에게 다가가서 나사로 얼굴의 수건과 몸을 감고 있는 천을 풀어 주면서,

"하하, 주님은 과부 외아들도 살려 주시고, 야이로의 외동딸도 살려 주시고, 이젠 죽은 지 4일이나 지난 나사로까지 살려 주시네! 할렐루야! 할렐루야!"

마리아가 예수님 발 앞에 엎드려 예수님 발에 입을 맞추며,

"주님, 주님께서는 참으로 그리스도이시며 살아 계신 하나님의 아들이십니다!"

마르다도 예수님 발 앞에 엎드려 절하며,

"주님, 감사합니다, 저의 불신을 용서해 주세요."

예수님께서 마리아와 마르다의 일으켜 주시며,
"자, 이제 일어나 나사로에게 먹을 것 좀 주어라."

마르다가 서둘러 집으로 가면서,
"네, 주님. 저는 얼른 가서 주님과 나사로와 모두를 위해 식사를 준비하겠습니다."

예수님께서 제자들과 사람들을 보시며,
"아버지께서는 나를 믿는 너희들을 위해 병도 아픔도 이별도 죽음도 없는 천국을 예비하여 주신다.
그 천국은 너희 가운데 있다.
너희는 이제 내가 부활이요 생명임이 믿어지느냐?"

모두가 기쁨의 큰 소리로,
"믿습니다, 주님! 감사합니다, 할렐루야! 할렐루야!"

"누구든지 나를 믿는 자는 죽어도 살겠고 살아서 나를 믿는 자는 영원히 죽지 않는다!
너희는 이것이 믿어지느냐?"

“아멘! 아멘! 아멘!”

예수님께서 하늘을 우러러 두 손을 드시고,
“아버지, 감사합니다, 저들이 이제 아버지께서 저를 보내신 것을 믿사오니 저들에게 아버지의 사랑으로 영생을 누리게 하옵소서….”

그곳에 있던 모든 사람은 예수님께 무릎 꿇고 감사의 경배를 드렸다. 베다니 온 동네의 슬픔은 기쁨으로 원망은 감사로 바뀌었다. 초상집의 통곡은 찬양으로 바뀌고 할렐루야의 외침은 곳곳에서 흘러나오니 그 메아리는 겟세마네 동산을 넘어 예루살렘의 골고다에까지 울려 퍼졌다.

마리아를 위로하러 왔다가 예수님께서 행하신 일을 본 많은 유대인은 예수님을 믿게 되었다. 그러나 그중의 몇몇은 바리새인들에게 가서 예수님께서 행하신 일을 일러바쳤다. 이에 대제사장들과 바리새인들은 의회를 소집하여 예수님을 어떻게 할 것인가에 대해 회의를 했다. 이때 대제사장인 가야바는 **‘한 사람이 백성을 위해 죽는 것이 온 민족이 망하는 것보다 더 낫다는 것을 당신들은 모르겠느냐.**’고 했다. 이 말은 가야바 스스로가 한 것이 아니라 그해의 대제사장으로서 예수님께서 유대 민족뿐만 아니라 흩어진 하나님의 자녀들을 모아 하나가 되게 하려고 돌아가실 것을 미리 예언한 것이었다. 그날부터 그들은 예수님을 죽일 구체적인 음모를 꾸미기 시작했다.

한편 시몬은 가버나움에서 예수님과 마리아에게 무례히 행동한 일로 문둥병이 걸렸었으나 예수님의 은혜로 마리아의 기도를 통해 고침을 받았었다. 그 일을 계기로 시몬은 예수님께서 자주 오시며 또 마리아도 사는 베다니로 집을 옮겼다. 시몬은 예수님께서 나사로를 죽음에서 살려 주신 것에 감사하여 예수님, 제자들, 나사로, 마르다, 마리아를 집으로 초대했다.

시몬이 예수님과 모두를 반갑게 맞이하며,
"주님, 참 잘 오셨습니다, 자주 뵈니 너무 좋습니다.
하하. 형제님들, 자매님들도 참 잘 오셨습니다.
어서들 안으로 들어오세요."

예수님께서 시몬을 안으시며,
"시몬아, 이렇게 모두 초대해 줘서 고맙구나."

"뭘요, 주님, 주님께서 제게 베풀어 주신 은혜를 생각하면 날마다 해 드리고 싶습니다, 하하."

예수님과 모두는 환히 웃으며 안으로 들어가니 시몬이 예수님을 중앙으로 안내해 드렸다. 예수님께서 자리에 앉으시자 시몬이 얼른 발 씻을 물과 향유를 가져와 예수님의 발을 씻겨드렸다.

그리고 향유병을 열어 예수님 머리에 부으려는 그때 마리아가 일어서며 시몬에게,

“형제님, 실은 제가 예수님께 드리려고 향유를 준비해 왔습니다.”

시몬이 예수님과 마리아를 보고 웃으며,

“주님, 이번에도 주님께 향유를 부어드릴 기회를 마리아에게 빼앗기는군요, 하하.”

시몬이 예수님을 초대하였을 때 마리아는 나사로를 살려 주신 예수님께 감사하는 마음으로 비싼 향유를 가지고 왔다.

마리아가 향유를 예수님의 머리부터 발끝까지 정성을 다해 조심스럽게 부어드리며,

“주님, 주님께서는 실로 살아 계신 하나님의 아들이시며 그리스도이십니다. 주님께서는 부활이시고 생명이시며 구원자이십니다.”

마리아가 이 말씀을 드리고 자기 머리카락으로 예수님 발을 닦아 드렸다. 예수님께서 눈을 감으시고 마리아의 섬김을 받으셨다.

그때 가룟 유다가 불만스러운 표정으로,

“마리아, 이 비싼 향유를 다 써 버릴 필요가 있습니까?
향유를 팔아 가난한 사람들에게 나눠 주는 편이 나을 것입니다.”

마리아와 제자들은 잔치 분위기를 깨는 가룟 유다 때문에 하던 말들을 멈추고 예수님을 바라보았다.

예수님께서 마리아와 모두를 두루 보시며,
“너희는 내 말을 잘 새겨들어야 한다.
사람들은 살기 위해 태어나지만 나는 죽기 위해 태어났다.
나는 아버지로부터 세상 죄를 짊어질 어린 양으로서 보내심을 받았다.
마리아는 이런 나의 장례를 위해 정성껏 준비하는 것이니 가만히 둬라.
너희 주변에 가난한 사람은 늘 있으니 너희가 원하면 언제든지 도울 수 있다.
그러나 나는 곧 너희를 떠나야 한다….”

예수님께서 하늘을 보시고 모두를 두루 돌아보시며,
“너희는 내 말을 잘 새겨들어야 한다.
참 좋은 복음의 큰 기쁜 소식이 전해지는 곳마다 마리아가 나의 장례를 위해 내게 기름 부은 것도 전해질 것이다.”

⊸ 제8막 ⊸

헌금한 과부

예수님께서 부자들이 성전의 헌금함에 많은 돈을 넣는 것을 보시며,
"너희는 썩어 없어질 이 땅이 아닌 영원할 저 하늘에 재물을 쌓아라!
마음이 있는 곳에 재물이 있고 재물이 있는 곳에 마음이 있다.
하늘에 쌓이는 재물은 믿음과 사랑으로 드린 것만 쌓인다.
그러므로 너희에게 마음만 있다면 누구든지 저 하늘에 재물을 마음껏 쌓을 수 있다!"

이 말씀에 큰 위로를 받은 한 가난한 과부는 주머니에서 작은 동전 2개를 꺼내 성전 헌금함에 넣었다.

그 모습을 지켜보신 예수님께선 과부를 가리키시며,
"너희는 잘 새겨들어야 한다.
두 동전을 넣은 저 과부가 어느 부자보다도 더 많은 헌금을 했다!"

베드로가 의아해하며,
"주님, 저 과부는 가난해서 겨우 동전 몇 개를 넣었는데 부자보다도 헌금을 더 많이 했다고 하시나요?"

예수님께서 제자들을 두루 돌아보시며,

"아버지께서는 헌금의 액수를 보시는 분도 헌금하고 남은 액수를 보시는 분도 아니시고 정성껏 믿음으로 드리는 헌금을 받으시는 분이시다. 부자들은 넉넉한 가운데 일부를 헌금했지만, 과부는 생활비 전부를 헌금했기에 만물의 주인이신 하나님 보시기에는 과부가 부자들보다 더 많은 헌금을 했다."

예수님께서 자리에서 일어나시며,

"너희는 엘리야 때에 시돈의 사르밧 과부 이야기를 통해 하나님께서 원하시는 재물이 무엇인지를 배워야 한다."

예수님께서 엘리야와 사르밧 과부 사이에 있었던 이야기를 자세히 말씀해 주셨다.

어느 날 새벽 동트기 전에 엘리야가 얼굴을 무릎에 파묻고 기도하고 있을 때 하나님께서 엘리야에게 말씀하셨다.

"너는 시돈의 사르밧으로 가서 성문에서 나뭇가지를 줍는 과부를 만나면 그 과부에게 물과 빵을 달라고 해서 먹고 가뭄이 끝날 때까지 그 과부의 집에서 지내라."

엘리야가 자리에서 일어나며 혼잣말로,

"주님께서 왜 나에게 사르밧 과부의 집에서 지내라고 하시는지 몰라도 가 보면 알겠지…."

엘리야는 하나님 말씀에 따라 사르밧으로 갔다. 같은 시각에 무릎 꿇고 눈물을 흘리며 기도하는 사르밧 과부에게도 하나님께서 말씀하셨다.

"너는 일어나 성문으로 가서 나뭇가지를 주어와라."

과부가 자리에서 일어나 잠자고 있는 어린 아들을 보며,
"조금 남은 보릿가루와 기름으로 마지막 빵을 만들어 먹고 주님 곁으로 오라는 말씀인가….
주님, 이 아들에게 마지막으로 빵을 만들어 주고 이 땅을 떠날 준비를 하겠습니다…."

과부는 아들을 안고 한동안 울다가 일어나 하나님 말씀에 따라 성문 쪽으로 갔다.

과부가 성문에서 나뭇가지를 줍고 있는데 엘리야가 성문을 들어오다가 과부를 보고는,
"여인이여, 미안하지만 내가 매우 허기지니 빵 한 조각 줄 수 없겠소."

과부가 엘리야의 부탁에 놀라서 하늘을 보고 눈물 흘리며,

“주님, 마지막 빵으로 주님의 사람을 대접하라고 저를 보내신 것입니까?”

과부가 원망스러운 눈으로 엘리야를 보며,

“하나님의 사심을 두고 맹세하건대 저는 이 나뭇가지로 한 주먹 남은 보릿가루와 기름으로 빵을 만들어 아들과 함께 먹고 죽을 생각이었습니다.

그런데 선생님이 그리 말씀하시니 이제야 주님께서 왜 저를 이곳에 보내셨는지 알 것 같습니다.”

엘리야가 과부의 사정을 잘 안다는 듯 고개를 끄덕이면서,

“너무 걱정하지 않아도 되오.

당신이 주운 나뭇가지를 가지고 집으로 가서 처음 생각한 대로 빵을 만들어 내게 가져오면 좋겠소.”

과부가 긴 한숨을 쉬며 고개를 떨어뜨리니 엘리야가 과부를 위로하며,

“당신이 내 말대로 하면 하나님께서 이 땅에 비를 내리실 때까지 당신의 항아리의 보릿가루도 병의 기름도 떨어지지 않게 하실 것이오.”

과부가 놀라서 엘리야를 보며,

“선생님이 그리 말씀하시니 그대로 하겠습니다.”

과부는 나뭇가지를 챙겨 집으로 가서 빵을 만들어 엘리야에게 왔다.

과부가 엘리야에게 빵을 건네며,
"말씀대로 준비한 빵입니다."

엘리야가 과부로부터 빵을 받아 하늘을 향해 높이 들고서,
"어제도 오늘도 내일도 동일하신 하나님!
이 작은 빵에 담겨 있는 이 과부의 믿음과 생명을 받아 주셔서 과부와 아들이 큰 복을 누리게 하옵소서…."

엘리야가 기도한 후 빵을 먹고 과부를 대견스럽게 바라보며,
"자, 이제 어서 집으로 가서 하나님의 크신 은혜를 확인해 봅시다."

엘리야와 과부가 집으로 가서 보니 항아리에는 보릿가루가 가득했고 병에는 기름이 가득했다.

과부가 깜짝 놀라며 무릎을 꿇으면서,
"살아 계신 하나님을 찬양합니다!
저희의 처지를 헤아려주시는 하나님을 찬양합니다…."

엘리야가 과부를 일으키니 과부가 식탁을 가리키며,
"선생님, 어서 앉으세요.
제가 이번에는 빵을 넉넉히 준비하겠습니다.
하나님께서 이렇게 선생님을 통해 크신 은혜를 베풀어 주시니 너무 감사할

따름입니다.”

엘리야가 환하게 웃으며,

“그리 말해 주니 고맙소.

아들도 오라고 해서 우리 오랜만에 배불리 먹어 봅시다.”

엘리야와 과부와 아들은 감사한 마음으로 웃음꽃을 피우며 빵을 마음껏 먹었다.

식사가 끝나자 과부가 아들의 손을 잡으며 엘리야에게,

“다락방이 비어 있으니 괜찮으시다면 저희 집에서 지내셔도 좋습니다.”

엘리야가 고개를 끄덕이며,

“그리 말해 주니 참으로 감사하오.

그럼, 이 가뭄이 지나갈 때까지 이곳에서 잠시 지내기로 하겠소.”

그 후 얼마쯤 지났을 때 과부의 아들에게 병이 생기더니 갑자기 죽고 말았다.

과부가 대성통곡을 하며,

“하나님, 어찌 하나님의 사람을 제게 보내셔서 저의 죄를 생각나게 하십니까?

이 아들을 데리고 가시려면 저도 함께 데려가세요….”

엘리야가 과부를 위로하니 과부가 엎드려서 통곡하며 원망스러운 목소리로,

“그때 선생님을 뵙질 않았다면 마지막 빵을 먹고 아들과 함께 죽었을 텐데 왜 선생님은 제게 오셔서 어린 아들을 저보다 먼저 보내게 하십니까.”

엘리야가 과부를 일으키며,

“아이를 내게 데려오시오.

하나님의 긍휼하심에 간절히 매달려 봅시다.”

과부가 죽은 아들을 안고 와서 엘리야에게 주니 엘리야가 그 아들을 받아 자신의 다락방으로 올라가서 침상에 누였다.

엘리야가 하나님께 부르짖으며,

“나의 하나님, 나의 하나님, 어찌하여 이 아이의 죽음을 보시고만 계십니까?

이 아이 죽음을 제게 보이시려고 저를 보내셨습니까….”

엘리야는 과부의 아들 위에 자신의 몸을 포갰다. 엘리야는 같은 행동을 3번 하며 하나님께 부르짖었다.

엘리야가 간절히 기도하며,

“나의 하나님, 나의 하나님, 이 아이의 영혼이 그의 몸에 다시 돌아오게 하옵소서….”

하나님의 크신 은혜로 영혼이 돌아와 죽었던 아들이 다시 살아났다.

엘리야가 그 아들을 안고 내려와 과부에게 건네며,
"하나님께서 당신의 처지와 눈물을 헤아려 주셨소."

과부가 아들을 받고 그 자리에서 무릎을 꿇으며,
**"하나님의 살아 계심과 하나님께서 선생님을 제게 보내신 것을 믿습니다.
선생님이 하시는 말씀이 진실임을 제가 믿습니다…."**

예수님께서 사르밧 과부 이야기를 마치시며,
**"엘리야는 가뭄이 끝날 때까지 과부의 다락방에서 지냈으며 과부와 죽음에서 다시 산 아들은 빵 걱정 없이 가뭄을 잘 견디었다.
이는 그 과부의 생명 같은 마지막 빵을 하나님께서 그 과부의 정성과 믿음으로써 받으셨기 때문이다."**

베드로가 사르밧 과부 이야기에 감격하며,
**"하나님께서 사르밧 과부의 정성과 믿음을 받으셨듯이 저 과부의 적은 헌금도 기뻐하신다는 것을 잘 알겠습니다.
그러면 주님, 부자들은 가진 돈을 모두 헌금하기 전에는 헌금다운 헌금을 할 수가 없겠네요."**

"아니다. 부자들은 부자들 나름대로 하나님과 이웃을 향한 믿음과 사랑을

가지면 된다.
부자가 얼마를 헌금하는가보다 자신을 위해 필요 이상으로 얼마를 더 쓰느냐가 중요하지 않겠느냐?"

"자신을 위해 필요 이상으로 더 쓰는 것은 무엇을 의미하는 것입니까?"

"고아와 과부를 돌보는 것이 경건이고 믿음이다.
음식과 의복이 부족한 사람들과 방황하고 병든 사람들은 어느 곳이든 있기 마련이다.
그들을 외면하면서 호의호식하는 자가 헌금한들 하나님께서 받으시겠느냐?"

안드레가 궁금한 표정으로,
"주님, 주님께서 말씀하시는 것과 같이 부자로서 하나님께서 기뻐 받으시는 헌금을 한 사람이 있나요?"

예수님께서 제자들을 두루 보시며,
"다윗은 성전 건축을 위해 제물을 드릴 때 어떻게 고백했는지 너희도 알고 있지 않으냐?
다윗은 '주님께서 저희에게 주신 모든 것을 주님께 되돌려드릴 뿐입니다.' 라고 고백했다.
믿음은 모든 것이 하나님에게서 왔다는 것을 인정하는 것이니 믿음이 있다면 재물이 자기 손에 많이 있다고 함부로 쓸 수 없을 것이다."

제9막

십자가 고백

예수님께서는 공생애 동안 가버나움에서 가장 많은 시간을 보내셨다. 당시 그곳의 백부장은 유스도였으며 예루살렘에서 십자가형을 집행하던 백부장은 고넬료였다. 유스도와 고넬료는 오랜 친구였다.

예루살렘에서 고넬료는 예수님과 두 강도의 십자가형을 집행하면서 십자가에서의 예수님 모습에 크게 감동했다. 그러므로 고넬료는 예수님의 십자가를 집행했다는 죄의식을 떨쳐 버릴 수가 없어 예루살렘이 아닌 다른 곳으로 근무지를 옮겨 줄 것을 상부에 요청했다. 이에 고넬료는 가이사랴로 가라는 전근 명령을 받아 그곳으로 가는 길에 오랜 친구인 가버나움 백부장 유스도의 집을 방문하게 됐다.

유스도가 집에서 탁자에 앉아 뭔가를 생각하고 있는데 마침 고넬료가 힘없이 들어오니 반갑게 맞으며,

"고넬료, 어서 오게나, 그동안 잘 지냈는가.

그런데 무슨 근심이라도 있는가?

얼굴색이 영 안 좋아 보이네."

고넬료가 힘없이 자리에 앉으며,

“음, 예루살렘에서 유대인의 왕이라는 예수라는 분과 두 강도의 십자가 형벌을 집행하면서….”

고넬료가 말을 잇지 못하고 고개를 숙이자 유스도가 깜짝 놀라며,

“뭐, 뭐라고? 예수님이라고?
자네 지금 예수님이라고 했나?”

유스도가 그 자리에 풀썩 주저앉으며,

“나사렛 예수님께서 돌아가셨단 말인가?
오, 주님, 오, 주님, 안 됩니다, 안 됩니다….”

고넬료가 자신의 얼굴을 감싸며,

“나도 정말 괴로웠다네.
그 예수님을 보며 나도 많은 생각을 하게 되었지.
그분은 실로 의인이셨고 하나님의 아들이셨네….”

유스도가 눈물을 닦으며,

“그래, 자네도 예수님께서 하나님의 아들이심을 알게 되었다니 천만다행일세.
그런데 고넬료, 우리 예수님께서 어떻게 돌아가셨나?”

고넬료가 하늘을 바라보면서,
"우리는 아침 9시쯤에 예수님과 두 강도를 십자가에 못 박았네…."

고넬료는 예수님께서 십자가에 못 박히시던 때를 회상하며 유스도에게 자세하게 전했다.

군병들은 해골산이란 골고다에 도착하자 십자가 처형의 극한 두려움 때문에 일찍 죽는 것을 방지하기 위해 쓸개 탄 포도주를 예수님께 드렸으나 예수님께서는 마시지 않으셨다. 그리고 십자가의 극한 고통으로 즉시 죽는 일이 없도록 고통을 덜어 주는 몰약 탄 포도주도 예수님께 드렸으나 예수님께서는 마시지 않으셨다. 예수님께서 십자가에 못 박히실 때는 오전 9시경이었다. 그때 군병들은 예수님의 좌우 십자가에 두 강도도 못 박았다. 예수님 왼쪽의 강도 이름은 라멕이었고 오른쪽의 강도는 베냐민이었다.

예루살렘 성 뒤쪽에 있는 골고다의 십자가에 못 박히신 예수님의 머리 위에는 '나사렛 예수 유대인의 왕'이라고 히브리어, 라틴어, 헬라어로 쓰인 패가 달려 있었다. 군병들은 예수님의 겉옷과 속옷을 모두 벗기고 십자가에 못 박은 후 겉옷은 넷으로 나눠 가지고 속옷은 위로부터 통으로 짠 것이므로 제비뽑아 한 사람이 갖자고 했다. 이는 성경의 '**그들이 내 겉옷은 나누고 내 속옷은 제비 뽑아 가졌다**.'라는 말씀이 이뤄지기 위함이었다. 사람들은 십자가의 주변에 서서 구경하고 유대인 대제사장들과 율법사들과 장로들은 예수님을 모독했다.

대제사장 안나스가 사람들을 둘러보며,

"저가 남은 살렸으니 하나님의 택한 그리스도라면 자신도 살리겠지!"

대제사장 가야바가 맞장구를 치며,

"저가 만일 이스라엘 왕 그리스도로서 지금 십자가에서 내려온다면 우리도 저를 믿겠다!"

한 군병이 예수님 가까이 가서 모독하며,

"네가 만일 유대인 왕이라면 너 자신부터 살려 봐라!"

골고다를 지나가던 사람들도 머리를 흔들며,

"하하, 유대인의 왕이라는 자의 꼴 좀 봐라!"

"성전을 헐면 3일 만에 다시 짓겠다던 자여!
네가 만일 하나님 아들이라면 십자가에서 내려와 봐라!"

예수님과 함께 십자가에 못 박힌 라멕과 베냐민도 심한 고통과 죽음의 공포에 질려 최후의 발악을 하듯 큰 소리로 예수님을 모독했다.

라멕이 악을 쓰며,

“네가 이스라엘의 왕 그리스도라고 했으니 지금 십자가에서 내려와 그리스도임을 증명하고 우리를 살려내라!”

베냐민이 예수님 쪽을 보며,

“당신이 유대인의 왕이라면 나를 구하시오!

그리스도라면 나를 이 고통에서 구해 달란 말이오!”

예수님께서 십자가의 고통과 사람들의 모독을 묵묵히 견디시다가 고개를 천천히 드시고 하늘을 보시며,

“아버지, 저들은 지금 무엇을 하는지조차 모르니 용서하여 주옵소서.”

예수님께서 십자가에 못 박히신 후 처음으로 말씀하셨다.

그러자 한 군병이 얼른 신 포도주를 갈대 끝에 달린 솜에 찍어 예수님 입에 갖다 대며 큰 소리로,

“그렇지, 뭐든 좋으니 계속 말 좀 해 보라고.

유대인들이 듣고서 죄지을 생각을 못 하게 아프다고 외치고 목마르다고 외치고 원망하고 저주하고!”

군병은 입술과 혀가 갈증으로 굳어가 말 못 하는 것을 막고 뭐든 십자가에서 울부짖도록 예수님께 신 포도주를 드렸으나 받지 않으셨다. 예수님께서는 십자가의 고통 중에서도 십자가형을 집행한 군병들, 조롱

하는 사람들, 두 강도를 포함한 모든 사람의 죄를 하나님께서 용서하여 주시길 간절히 구하셨다. 이를 지켜보던 백부장 고넬료와 강도 베냐민은 큰 감명을 받았다.

라멕은 계속해서 예수님을 모독하며,

"뭐라고 중얼거리는 거야!

네가 유대인의 왕 그리스도가 아니냐?

스스로 너도 구원하고 우리도 구원해 보란 말이야!"

베냐민이 고개를 내밀어 라멕을 보며 큰 소리로,

"너는 사형을 받으면서도 하나님이 두렵지도 않으냐?

우리는 우리 죄로 마땅한 벌을 받고 있지만, 저분께서는 잘못이 없으시다!"

베냐민이 예수님을 애절한 표정으로 바라보며,

"예수님, 주님의 나라에 들어가실 때 저를 꼭 기억해 주세요."

예수님께서 베냐민을 자상하게 보시며,

"내가 네게 분명히 약속하마.

오늘 네가 나와 함께 낙원에 있을 것이다."

잠시 후 예수님께서는 십자가 가까이에 어머니 마리아가 얼굴을 감싸고 가슴을 치며 슬피 울고 있는 것을 안타깝게 보셨다.

예수님께서 마리아를 자상하게 부르시며,
"사랑하는 어머니, 이제부터 요한이 어머니의 아들이니 그와 함께 지내시면 됩니다."

예수님께서 요한을 부르시며,
"사랑하는 요한아, 이제부터 이분이 네 어머니이시니 잘 모셔야 한다."

예수님께서는 당신 때문에 체포되는 사람이 없도록 십자가에 못 박히신 후 눈을 감으시고 누구와도 눈을 마주치지 않으셨다. 그러나 요한에게 마리아를 부탁하실 때는 어쩔 수 없이 마리아와 요한을 바라보셨다. 예수님께서 요한에게 말씀하실 때 군병들이 요한을 의심스러운 눈초리로 쳐다보자 요한과 다른 제자들 모두 서둘러 마리아를 모시고 그 자리를 피했다. 예수님을 따르던 여인들도 얼른 그 자리를 피해 제자들과 함께 십자가로부터 멀리 떨어진 곳으로 가서 예수님을 지켜보았다.

십자가에서 처형을 당하는 사람들의 가족들이나 친지들은 십자가에 가까이 와서 통곡하며 위로하면서 마지막 순간을 지켜보았다. 그러나 예수님의 제자들과 예수님의 형제들은 군병에게 잡힐 위험이 있으므로 모두 십자가로부터 멀리 떨어져 서서 지켜보고 있었다. 예수님을 따르던 여자들도 멀리 떨어져 있었는데 그중에는 막달라 마리아, 작은 야고보와 요셉의 어머니 마리아, 야고보와 요한의 어머니 살로메도 있었다.

예수님께서는 오전 9시경에 몇 마디 말씀하시고 계속 눈을 감고 계셨다. 그리고 낮 12시경부터 갑자기 해가 사라진 듯 온 하늘과 온 땅은 어두워져 오후 3시경까지 그 어둠은 계속됐다.

오후 3시경 예수님께서 크신 소리로,
"나의 하나님! 나의 하나님! 어찌하여 저를 버리셨습니까!"

십자가 주변에 서 있던 사람들이 예수님의 외침을 듣고 서로의 얼굴을 보며,
"엘리야를 부르는가 보다."

한 군병이 달려가 갈대 끝에 천을 감아 신 포도주를 적시어 예수님 입에 갖다 댔다. 그러나 예수님께서는 마시지 않으셨다.

유대인들이 소리치며,
"저가 뭔가를 구하는 것 같으니 엘리야가 와서 저를 내려주나 보자!"

예수님께서 성경 말씀을 이루시며,
"내가 목마르다."

한 군병이 우슬초 가지 끝의 솜을 신 포도주 가득한 그릇에 담갔다가 예수님 입에 갖다 대었다.

예수님께서 신 포도주를 맛보신 후 고개를 숙이시며,
"이제 다 이루었다."

조금 후 예수님께서 마지막 온 힘을 다하여 고개를 드시고 크신 소리로,
"아버지! 제 영혼을 아버지 손에 맡깁니다!"

그리고 예수님께서 고개 숙이시고 숨을 거두시자 번개 천둥 치며 비가 오기 시작했다. 예수님께서 숨을 거두신 후에도 베냐민은 눈물을 흘리며 예수님 쪽을 바라보는 모습은 마치 예수님과 대화를 나누는 것 같았다.

안나스와 가야바는 백부장 고넬료에게 자신들의 큰 명절인 유월절의 안식일이 해가 진 후부터 시작되니 관례에 따라 십자가의 죄수들을 죽여 자신들이 안식일을 지킬 수 있도록 해달라고 부탁했다.

가야바가 백부장에게 다가가서,
"백부장님. 이제 곧 해가 지면 안식일이 시작되니 해지기 전에 저 죄수들을 죽여서 십자가에서 내려 장사 지낼 수 있도록 허락해 주십시오.
안식일에 죄수를 나무에 걸어 놓는 것은 저희 율법에 어긋납니다."

안타까운 심정으로 예수님을 바라보던 고넬료가 고개를 끄떡이며,

"나도 알고 있소."

고넬료가 군병을 부르며,

"자네는 해머를 가져다 좌우 죄수들의 무릎을 꺾어라.

그러면 죄수들이 즉시 죽을 것이다.

그러나 가운데 분은 이미 죽은 것 같으니 확인하고 굳이 무릎을 꺾을 필요 없다."

군병이 해머를 들고 와 왼쪽 라멕의 무릎을 치려 하자 라멕은 전신에 힘을 주고 부들부들 떨며,

"아니 왜 해머를 들고 내게 오는 거야!

제발 날 죽이지 말라고!"

군병이 라멕의 무릎을 해머로 쳐서 다리를 꺾자 라멕은 축 늘어져 즉시 죽었다. 그리고 군병은 오른쪽 베냐민에게 갔다. 베냐민은 예수님 쪽을 바라보고 있었다. 군병이 베냐민에게 가까이 가서 해머를 높이 쳐들어도 베냐민은 조용했다.

베냐민이 예수님을 바라보며,

"예수님, 제 영혼을 예수님께 맡겨 드립니다…."

군병이 해머를 내려놓고 예수님의 죽음을 확실히 하기 위해 창으로 예수님 옆구리를 찌르니 피와 물이 쏟아져 나왔다. 예수님의 피와 물이 빗물에 섞여 흘러가 예루살렘 성전에 닿자 성소와 지성소 사이의 두꺼운 휘장은 위로부터 아래 끝까지 쫘-악 찢어지며 큰 굉음을 냈다. 이는 마치 하나님과 사람 사이를 막고 있던 짙은 어둠이 하늘로 순식간에 빨려 들어가는 소리 같았다. 그때 땅은 심하게 진동했고 십자가 주변의 바위는 터졌다. 그러나 예수님의 십자가는 흔들리지 않았으니 이는 땅에 세워진 것 같아도 실상은 하늘에 굳게 매달려 있었기 때문이었다. 이때 아버지 하나님의 뜻이 하늘에서 다 이뤄졌음을 선포하듯 하늘도 활짝 열리며 맑게 갰다.

고넬료는 예수님께서 십자가의 고통에서조차 사람들의 죄 용서를 간절히 구하시며 강도에게 낙원을 약속해 주시는 모습에 큰 감명을 받았다. 그리고 마지막 순간까지 하나님과 그 누구도 원망하지 않으시고 오히려 아버지를 부르시며 영혼을 온전히 맡기시는 그 모습에 큰 은혜를 받았다. 또한, 베냐민이 라멕과는 달리 죽음을 초연히 받아들이는 모습에도 매우 놀랐다.

고넬료가 고개를 숙이며 혼잣말로,
"오, 저분은 실로 의인이시며 하나님의 아들이시다.
강도도 저분을 만나니 죽음의 문턱에서조차 저렇게 초연하게 변할 수가 있구나…."

고넬료가 다시 고개 들어 예수님과 하늘을 바라보며,
"오, 하나님, 제가 하나님의 아들에게 죄를 지었습니다.
오, 하나님, 저는 이제 어떻게 해야 합니까?
오, 하나님…."

예수님께서 숨을 거두셨을 때 예수님을 믿고 죽었던 사람들의 무덤들이 열렸고 그들은 예수님께서 부활하신 후에 예루살렘으로 들어와 많은 사람에게 보였다.

유스도는 먼 곳을 바라보며 울고 있는 고넬료의 손을 잡고 위로하면서,
"고넬료, 자네는 그저 백부장으로서 명령에 따라 책임을 다한 것이지 사적인 감정으로 예수님의 십자가를 집행한 것은 아니질 않나.
하나님께서는 자네의 마음을 다 아시고 계시네."

"유스도, 나는 십자가의 고통 중에서도 하나님을 아버지라고 부르시며 용서를 구하시는 예수님을 보면서 그분을 하나님의 아들이라고 인정할 수밖에 없었다네."

고넬료가 하늘을 우러러보며,
"그리고 예수님께서는 그 고통 가운데 숨을 거두신 후에도 오른쪽 강도에게 계속 말씀으로 위로하시며 그의 얼굴을 만져 주시는 것 같기도 했다네.
나는 그 비참한 십자가에 달리신 예수님을 그 현장에서 그대로 믿을 수 있

었던 강도가 참으로 부럽기도 하네…….”

고넬료가 한동안 고개를 숙이고 있다가 눈물을 닦으며,
“유스도, 자네는 하나님의 아들 예수님을 이곳 가버나움에서 가까이 뵐 수 있었으니 참으로 행복한 사람일세.”

유스도가 하늘을 바라보며,
“나도 나의 종 요셉도 이제는 예수님 없이 살 수 없다네.
예수님께서 살아계실 때 돌아가시더라도 다시 살아나실 거라고 말씀하셨으니 우리는 그 말씀을 믿고 기다려 보세. 자네와 내 마음속에는 그분께서 살아 계시지 않은가.”

유스도와 고넬료는 비록 로마의 백부장이었지만 예수님을 믿고 경건하게 살았으며 온 집안이 하나님을 경외했다. 가이샤라에서 근무하게 된 고넬료는 그곳에서도 하나님께 늘 기도하다가 환상 중에 천사의 음성을 듣고 베드로를 집으로 초대하여 예수님의 말씀을 듣게 됐다. 그 때 성령님께서 말씀 듣던 모든 사람에게 임하시니 그들은 모두 방언으로 하나님의 큰일 즉 예수님 십자가의 죽음과 부활에 대해 말하며 하나님께 큰 영광을 돌렸다.

예수님의 오른쪽에 매달렸다가 구원받은 강도의 믿음을 열매 없는 믿음, 행위 없는 믿음 또는 불난 집에서 나온 것 같은 구원이라고 표현하는 사람도 있다. 그러나 눈에 보이는 것들로 은혜를 가름하려는 오늘날의 기복 신앙과 비교하면 오히려 오른쪽 강도의 믿음이야말로 십자가에 달리신 예수님, 고통으로 울부짖으시는 예수님, 죄 사함을 아버지께 구하시는 예수님을 순수하게 믿은 귀한 믿음이라고 할 수 있다.

예수님께서 십자가에 달리신 비참한 모습으로 오늘의 우리에게 다가오신다면 그 예수님을 나의 구세주로 믿을 수 있는 사람이 얼마나 있을까? 십자가에서 **"왜 나를 버리셨습니까?"** 울부짖으시는 예수님께 나의 일생을 맡길 수 있을까? 우리는 예수님을 마치 내 욕심과 취향에 따라 언제든지 부를 수 있는 아라비안나이트의 알라딘 같은 초능력자로 생각하고 내 상상으로 만든 하나님을 믿으며 살고 있지나 않을까?

오른쪽 강도는 십자가에 달리신 예수님을 주님으로 믿고 자신을 온전히 맡겼다. 그는 예수님께서 **"아버지여, 저들의 죄를 용서하옵소서."**라는 간절한 기도를 순수하게 그대로 믿어 예수님으로부터 직접 낙원을 약속받은 최초의 사람이 되었다. 그는 육체적으로 전혀 도움을 받지 못한 채 비참하게 죽었어도 예수님을 믿었기에 부인하지도 원망하지도 않았고 그의 영혼은 예수님과 함께 낙원에 있게 되었다.

예수님 십자가의 은혜로 하나님의 자녀가 된 우리만큼은 이 세상에서의 기복 신앙에 치우쳐 예수님을 십자가에 내어주신 아버지와 그 예수님을 또다시 슬프시게 해서는 안 된다. 예수님의 십자가는 우리의 죄

사함을 위함이요 그분의 부활은 우리의 영생을 위함이다. 그러나 우리를 위한 죄 사함과 영생을 위해서 예수님께서는 “나의 하나님, 나의 하나님. 어찌하여 나를 버리셨습니까?” 하며 울부짖을 수밖에 없으셨고, 아버지께서는 차마 독생자의 울부짖으심을 들으실 수도 그 죽음을 보실 수도 없으셔서 하늘과 땅을 온통 침묵과 어둠으로 덮으셨다.

믿음이란,
내가 받을 만한 복을 구하기 전에 나의 죄로 인한 예수님의 십자가와 그 십자가를 그저 바라보실 수밖에 없으셨던 아버지 하나님의 눈물에 감사하며 감격하는 것이다. 그리고 그 은혜와 그 사랑을 나누는 것이다.

제10막

막달라 마리아

아리마대 사람 요셉은 십자가에서 숨을 거두신 예수님을 깨끗한 세마포로 싸서 바위를 파서 만든 자기 새 무덤에 모셔 놓고 큰 돌로 무덤 입구를 막았다. 막달라 마리아와 몇몇 여인들은 이를 지켜보고 돌아가 향품과 향유를 준비했다.

안식 후 첫날 이른 새벽 아직 어두울 때 마리아와 여인들은 준비해 둔 향품과 향유를 가지고 예수님 무덤으로 갔다.

마리아가 걱정하며,
"무덤 입구의 그 큰 돌을 우리가 옮길 수 있을까요?
누군가가 도와줬으면 좋겠는데…."

마리아와 여인들이 무덤에 도착하기 전에 무덤 주변이 심하게 흔들리더니 주님의 천사가 하늘로부터 내려와 무덤 입구를 막았던 큰 돌을 옆으로 옮겨놓고 그 위에 앉았는데 무덤을 지키던 자들은 그 모습에 너무 놀라고 무서워서 기절했다. 그들이 깨어나 무덤 안으로 들어가 보니 예수님의 시신이 없으므로 허겁지겁 대제사장들에게 달려갔다. 잠시 후 마리아와 여인들이 무덤에 와서 이미 돌이 무덤 입구에서 옮겨진 것을 보고 깜짝 놀라 무덤 안으로 들어갔다. 그런데 무덤 안에는 예수님의 시신은 보이지 않고 찬란한 옷을 입은 청년 같은 두 천사가 서 있으므로 마리아와 여인들은 매우 무섭고 두려워서 얼굴을 땅에 대고 엎드렸다.

두 천사가 부드러운 음성으로 번갈아 가며,
"두려워하지 마세요, 당신들이 십자가에 못 박혀 돌아가신 예수님을 찾는 줄 압니다만 예수님께서 말씀하셨던 대로 그분은 죽음에서 살아나셨습니다."

"예수님께서 죄인의 손에 넘겨져 십자가에 못 박히고 3일 후에 다시 살아난다고 하지 않으셨습니까?
당신들은 주님의 제자들에게 가서 주님께서는 갈릴리로 가시니 제자들도 갈릴리로 가서 그분을 뵈라고 하세요."

천사들이 말을 끝내고 사라지자 마리아와 여인들은 무섭고 떨려 도망치듯 서둘러 무덤에서 나왔다. 그녀들은 너무 당황한 나머지 천사들이 한 말은 까맣게 잊고 예수님의 시신이 없어졌다고만 생각하며 다들 어찌할 바를 몰라 아무 말도 못 하고 풀썩 주저앉아 울고만 있었다.

울고 있던 마리아가 정신을 가다듬고 눈물을 닦으며 벌떡 일어나서,

"나는 얼른 뛰어가서 제자들에게 예수님의 시신이 없어졌다고 전해야겠습니다."

마리아는 급히 뛰어갔고 다른 여인들도 일어나 제자들이 있는 집 쪽으로 갔다.

먼저 도착한 마리아가 집으로 들어가 베드로와 요한에게,
"큰일이 났습니다! 저와 몇몇이 예수님의 무덤에 갔더니 무덤을 막고 있던 큰 돌은 옆으로 굴려져 있고 경비들은 없었는데 무덤 안에 들어가 보니 예수님의 시신이 보이지 않았습니다!
누군가가 예수님의 시신을 옮겼나 봅니다…."

마리아의 말이 끝나기도 전에 베드로가 벌떡 일어나 밖으로 나가며,
"뭐라고! 예수님의 시신이 없어졌다고!
내가 가서 직접 확인해야겠소!"

요한도 베드로 뒤를 따라갔다. 둘은 힘을 다해 무덤 쪽으로 뛰어갔는데 요한이 먼저 무덤에 도착했으나 주춤하며 무덤 앞에 그냥 서 있었다. 이어 도착한 베드로가 먼저 무덤에 들어가 보니 예수님 몸을 쌌던 세마포는 예수님 시신이 있던 그 자리에 그대로 있었고 예수님 얼굴을 쌌던 수건은 그 옆에 따로 잘 개켜져 있었다.

베드로가 깜짝 놀라며,
"아니 누가 예수님의 시신을 옮긴 거야!"

요한이 베드로의 소리를 듣고 무덤에 들어와 세마포와 수건만 있는 것을 보며,
"오, 예수님, 예수님…."

베드로와 요한은 무덤에서 나와 집으로 힘없이 돌아가며 하늘과 땅을 보면서 울었다.

베드로가 하염없이 눈물을 흘리며,
"오, 하나님, 하나님, 우리 예수님의 시신이 없어졌다니 어찌 이런 일이 다 있습니까…."

마리아는 다시 무덤으로 돌아와 밖에 서서 한동안 울고 있다가 혹시나 하는 마음으로 안을 들여다보니 흰옷 입은 두 천사가 있었는데 한 천사는 예수님 시신이 누워 있던 머리 편에 한 천사는 발 편에 앉아 있었다. 마리아는 용기를 내어 무덤 안으로 들어갔다.

천사들이 한목소리로 마리아에게,
"왜 그렇게 울기만 합니까?"

마리아가 두 손으로 얼굴을 감싸며,

"누군가가 우리 주님의 시신을 가져갔습니다…."

마리아가 말을 할 때 뒤에서 환한 빛이 느껴져 뒤를 돌아보니 예수님께서 거기에 서 계셨으나 마리아는 그분이 예수님이신 줄 몰랐다.

예수님께서 자상하신 목소리로,

"너는 누구를 찾기에 그렇게 울기만 하느냐?"

마리아는 예수님을 동산 관리인으로 생각하여,

"당신이 우리 주님의 시신을 옮겼으면 어디에 옮겼는지 제게 말씀 좀 해주세요.

제가 우리 주님의 시신을 정성껏 잘 모시겠습니다."

예수님께서 마리아를 사랑스럽게 보시며,

"마리아야, 나다"

마리아가 깜짝 놀라 돌아서서,

"오, 선생님! 오, 주님!"

마리아는 엎드려 예수님 발을 붙들고 입을 맞추며 눈물을 흘렸다.

예수님께서 마리아를 일으키시며,

"마리아야, 그동안 잘 지냈느냐?

네가 이리도 나를 잊지 못하니 참 고맙구나.

나도 네 마음이 너무 많이 아플 것 같아 걱정했다."

마리아가 다시 엎드려 예수님 발에 입을 맞추며,

"나의 주님, 나의 주님, 이렇게 살아 계시다니 감사하고 감사합니다.

주님 발의 이 상처, 아직 아물지도 않은 이 상처….

오, 주님, 그 아픈 고통을 어떻게 다 견디셨는지요…."

"마리아야, 나는 이미 다 나아서 괜찮다.

너희를 위해서 내가 이렇게 죽음을 능히 이기고 네 앞에 살아 있질 않으냐."

마리아가 예수님 발을 두 손으로 잡고 울며 입 맞추기를 그치지 않으니 예수님께서 몸을 굽히셔서 마리아의 머리를 쓰다듬으시며,

"마리아야, 너만이 내 발에 두 번씩이나 향유를 붓고 입 맞추더니 지금도 향유보다 더 귀한 너의 눈물로 내 발을 적시며 입을 맞추는구나.

마리아 너의 믿음과 사랑이 나를 감동케 한다."

예수님께서 마리아를 일으키시며,

"마리아야, 내가 아직 아버지께 올라가지 않았으니 너는 나를 그만 붙잡고 내 형제들에게 가서 내가 살아 있다고 전해라."

마리아가 눈물을 닦으며,

"네, 주님, 제가 얼른 뛰어가서 주님의 제자들에게 이 기쁨을 소식을 전하겠습니다."

"그래, 고맙다, 마리아야.
그리고 이 말도 내 형제들에게 꼭 전해라.
나는 나의 아버지이시며 너희의 아버지이신 분, 곧 나의 하나님이시며 너희의 하나님이신 분께 얼마 후에는 돌아갈 것이라고."

마리아는 죽음에서 부활하신 예수님을 그 누구보다도 먼저 뵙고 경배드리고 만지고 말씀을 듣는 큰 은혜를 받았다. 예수님을 향한 마리아의 깊은 사랑은 예수님 부활의 찬란한 새벽을 열었고 예수님 부활의 산 증거가 되었으며 예수님 부활을 처음으로 전하는 큰 영광이 되었다.